Um Presente para Todos

Um PRESENTE *Para Todos*

MAX LUCADO

Título original: The Gift for All the People

Edição original por Multnomah, Inc. © 1999, por Max Lucado
Copyright da tradução © Editora Proclamação Ltda 2011

Todos os direitos reservados. Impresso no Brasil. Nenhuma parte deste livro pode ser utilizada, reproduzida ou armazenada em qualquer forma ou meio, seja mecânico ou eletrônico, fotocópia, gravação etc. sem a permissão por escrito da editora.

SUPERVISÃO EDITORIAL: Oliver Conovalov
TRADUÇÃO: Neyd Siqueira
CAPA: Roger Conovalov
PROJETO GRÁFICO E DIAGRAMAÇÃO: Roger Conovalov
FOTO DA CAPA: Stephen Gardner.
Todos os direitos reservados.

As citações bíblicas foram extraídas da versão brasileira:
A Bíblia Sagrada (Antigo e Novo Testamento), Traduzida em português por João Ferreira de Almeida, Revista e atualizada no Brasil – 3ª edição. Bíblia NVI.
Bíblia The Message (A Mensagem - tradução livre)

Catalogação na Fonte do Departamento Nacional do Livro
(Fundação Biblioteca Nacional, Brasil)

Lucado, Max.
Um Presente para Todos: Meditações sobre a grandiosa graça de Deus/ Max Lucado; tradução de Neyd Siqueira - São Paulo:
Editora Proclamação Ltda, 2015.

Tradução de: The Gift for All People
ISBN: 978-85-86261-12-1

1. Cristianismo 2. Auto-Ajuda

Todos os direitos reservados à Editora Proclamação Ltda
Rua Rafael Sampaio Vidal, 291 - Barcelona
São Caetano do Sul - SP - Cep: 09550-170
Fone: (11) 4221-8215
e-mail: contato@editoraproclamacao.com.br
www.editoraproclamacao.com.br

Dedicado a todos os missionários ao redor do mundo.

Quão formoso são os pés dos que anunciam coisas boas!
ROMANOS 10:15

SUMÁRIO

PRÓLOGO 09

O Dom de Um Salvador

1. COMEÇOU NUMA MANJEDOURA 19
2. UM DIA DE ADEUS 21
3. DEUS ENCARNADO 25
4. SALVADOR COMPASSIVO 27
5. JESUS SABE COMO VOCÊ SE SENTE 31
6. FÉ MANTIDA, FÉ ABENÇOADA 33
7. A GRANDE TROCA 37
8. OLHOS NO SALVADOR 41
9. VENHA E VEJA 45

Resgate para os pecadores

10. O CAMINHO PARA O CALVÁRIO 51
11. AS SOMBRAS DE UM CORAÇÃO PARTIDO 53
12. SÓCIO NO PLANO 57
13. ELE VIU VOCÊ 61
14. O SILÊNCIO DO CÉU 63
15. A QUALQUER CUSTO 67
16. CERTO OU INJUSTO? 69

| 17. | QUEBRANTADO POR VOCÊ | 71 |
| 18. | "ESTÁ CONSUMADO" | 73 |

Graça Abundante

19.	PROMESSAS GRACIOSAS	79
20.	PERDÃO E PAZ	81
21.	GRAÇA SALVADORA	83
22.	GRAÇA SIGNIFICA	85
23.	COM TOALHA E BACIA	89
24.	ADOTADO PELO CORAÇÃO	91
25.	A FONTE DA MINHA FORÇA	93

A Escolha

26.	O DEUS QUE CONVIDA	99
27.	DEIXANDO A LUZ DO TERRAÇO ACESA	101
28.	BOM DEMAIS PARA SER VERDADE?	103
29.	QUEM DEVE ESCOLHER?	107
30.	PERSEGUIDO POR DEUS	109
31.	DEMONSTRAÇÃO DE DEVOÇÃO	111
32.	OS BRAÇOS DO PAI	115
33.	O DESTINO DE DEUS PARA SUA VIDA	117
	REFERÊNCIAS	125

PRÓLOGO

✦

"Futuro Brilhante" dizia tudo. Solteiro, boa aparência, recém-formado. Sua família o amava, as garotas o notavam, as oportunidades profissionais se abriam à sua frente.

Todavia, embora Eric parecesse confiante por fora, sentia-se intimamente atormentado. Atormentado por vozes interiores que não conseguia aquietar. Torturado por imagens mentais que não podia evitar por pensamentos que não compreendia. Desesperado para escapar do tormento, decidiu então escapar da vida. Num dia cinzento e chuvoso de fevereiro, saiu pela porta de trás de sua casa e nunca mais voltou.

Quando Eric partiu, alguém estava espiando. Sua irmã Debbie o viu sair, seu corpo alto descendo da rua. Ela supôs que ele iria voltar. Mas não voltou. Pensou que saberia onde encontrá-lo. Não encontrou. As horas se transformam em anos. Anos de peregrinação e suspense. Enquanto Eric peregrinava, Debbie questionava. Onde o irmão estaria? O que teria acontecido? Estaria bem? Estaria vivo?

Para onde foi, só ele e Deus sabem. Mas sabemos que foi para milhares de quilômetros longe de casa. Em algum ponto do caminho, de alguma forma, Eric começou a crer que recebera sua missão. Alguém o notou procurando comida num depósito de lixo. Esse alguém sugeriu que ele trabalhasse como varredor em troca do alimento. Eric interpretou este comentário como uma tarefa; acreditou que recebera um encargo permanente para limpar uma estrada em San Antonio, no Texas.

A pele curtida e os ombros curvados faziam que esse parecesse ter o dobro dos seus 44 anos. Dezesseis anos vivendo ao lado da estrada, sem dúvida explicavam isso.

Fazia dezesseis anos que Debbie vira o irmão. E talvez não o tivesse mais visto se não fossem dois acontecimentos. O primeiro foi a construção de um estacionamento em cima do abrigo de Eric. O segundo, uma dor no estômago de Eric. O estacionamento tirou de Eric o seu refúgio, a dor tirou-lhe a saúde.

Quando foi encontrado na beira da estrada, contorcendo-se de dor, ele já estava morrendo de câncer. Mais alguns meses e partiria. Sem família nem parentes conhecidos, morreria como vivera — sozinho.

O guardião temporário de Eric, nomeado pelo juiz, não conseguia aceitar o fato. *Alguém deve estar certamente procurando este homem*, raciocinou o advogado. Ele tentou então achar alguém na Internet que estivesse em busca de um homem adulto de cabelos castanhos com o mesmo sobrenome de Eric.

Uma mulher respondeu de New Hampshire. Será que esse homem sem-teto do Texas poderia ser o irmão que ela procurava há tanto tempo? A descrição parecia combinar, mas precisava ter certeza. Debbie, o marido e dois filhos, viajaram então para o Texas.

Quando Debbie chegou, Eric já tivera alta do hospital. Ela o descobriu perto de sua velha casa, descansando de um prédio. Um olhar bastou para convencê-la — que a busca terminara. Debbie enxergou além da pele curtida pelo sol, por baixo do cabelo e da barba mal cuidados. Viu o irmão.

Eric, porém, não reconheceu a irmã. Os anos haviam devastado sua mente. Debbie queria abraçar o irmão há tanto perdido, mas seus instintos diziam que devia esperar um sinal da parte dele.

Então algo muito pequeno chamou a atenção de Eric. Debbie estava usando um alfinete de lapela na forma de anjo. Eric ficou curioso e Debbie ofereceu-lhe o alfinete. Ele até deixou que ela prendesse o anjo em sua camisa. Com esse gesto, finalmente pode tocar o irmão.

Debbie tinha decidido passar uma semana no Texas, mas não conseguiu ir embora. Alugou um apartamento, começou a ensinar os filhos em casa e cuidar do irmão. Não foi fácil. Ele nem sempre a reconhecia. Não a chamava pelo nome. Certo dia a amaldiçoou. Recusou-se a dormir no apartamento dela. Não aceitou a comida que lhe ofereceu. Não queria falar. Só queria o seu terreno baldio. Queria o seu "emprego".

Entretanto, Debbie não desistiu de Eric. As semanas se tornaram meses e a irmã foi ficando. Ela compreendeu que ele não entendia e quis deixá-lo. Eu a conheci quando começou a frequentar nossa igreja. Depois de ouvir sua história, perguntei, como você faria: Por quê? Por que ela não desistia?

— Simples, — respondeu — Ele é meu irmão.

Sua busca nos fez lembrar de uma outra, não é? Outro coração bondoso que saiu de casa à procura dos confusos. Outra alma compassiva que não podia suportar a ideia de um irmão sofrendo. Como Debbie, ele saiu de casa. Como Debbie, encontrou o irmão.

Quando Deus nos encontrou, agimos como Eric. Não reconhecemos aquele que veio nos ajudar. Quando nos disse que fazíamos parte de sua família, não acreditamos nele. Quando ofereceu-nos um lugar seguro para morar, não o seguimos. Nós o ignoramos. Alguns até o amaldiçoam e o mandam embora.

Mas ele não partiu. Ficou e continua ficando. Ele compreende que não entendemos. Sabe que somos atormentados por muitas vozes e contaminados por um pecado canceroso. Sabe que estamos perto da morte, mas não quer que morramos sozinhos.

Da mesma forma que Debbie, Ele quer dar-nos algo antes que seja tarde demais. Quer dar-nos um lugar na Sua família e quer segurar nossa mão quando morrermos.

Deus então nos segue. Procura por nós em todas as estradas, segue nossos passos em todos os caminhos. Está ao nosso lado todos os dias da nossa vida. "Bondade e misericórdia certamente me seguirão todos os dias da minha vida; e habitarei na Casa do Senhor para todo o sempre" (Salmos 23:6).

Que maneira surpreendente de descrever Deus. Um Deus que nos busca.

Será que ousamos pensar num Deus ativo, dinâmico, que nos persegue, vai atrás de nós, seguindo-nos com bondade e misericórdia todos os dias de nossa vida? Ele não é difícil de se achar. Está ali nas Escrituras, procurando Adão e Eva. Eles se acham escondidos entre os arbustos, Ele parte para cobrir os seus corpos, parte para cobrir o seu pecado. Deus espera que o procurem? Não, as palavras soam no jardim: "Onde estás?" (Gênesis 3:9), dando início ao seu plano de redenção do homem. Seu plano de seguir seus filhos até que eles o sigam.

Moisés pode explicar isso. Depois de quarenta anos no deserto, ele olhou por sobre o ombro e viu um arbusto queimado. Deus o seguira no deserto.

Jonas também explica. Havia fugido de um barco quando olhou por sobre o ombro viu a tempestade se formando. Deus seguira até o oceano.

Os discípulos de Jesus obedeciam sentimento de serem seguidos por Deus. Estavam molhados e tremendo por causa da chuva e quando olharam por sobre o ombro viram Jesus andando. Deus os seguira na tempestade.

Uma mulher samaritana sem nome teve a mesma sensação. Sozinha na vida e sozinha junto ao poço, ela olhou por sobre o ombro e viu Messias falando. Deus a seguira em meio a seu sofrimento.

O apóstolo João, banido para Patmos, olhou por sobre o ombro e viu os céus se abrindo. Deus o seguira no exílio.

Lázaro estivera morto durante três dias num túmulo fechado quando uma voz o despertou. Ele levantou a cabeça e olhou por sobre o ombro para ver Jesus. Deus o seguira na morte.

O apóstolo Pedro negara seu Senhor e voltara à pesca quando ouviu seu nome, e olhando por sobre o ombro viu

Jesus preparando a refeição da manhã. Deus o seguira, apesar do seu fracasso.

Pecado, deserto, oceano, tempestade, sofrimento, exílio, morte — nosso Deus é o Deus que veio buscar e salvar o perdido. Você já sentiu que ele o procura?

Já sentiu sua presença mediante a bondade de um estranho? Na majestade de um pôr-do-sol; mediante a pergunta de uma criança ou a dedicação de um cônjuge? Por meio de uma palavra oportuna ou um toque na hora exata, você já sentiu a presença dele?

Deixamos nosso lar como fez Eric. Mas, como Debbie, Deus nos seguiu. Nos apressamos em fugir como Eric. Mas Deus é tardio pra se irar, como Debbie, e decidido a permanecer. Não aceitamos os presentes de Deus, mas Ele continua a dá-los.

Deus nos dá a si mesmos. Quando escolhemos nossa choupana em lugar da Sua casa e nosso lixo em vez da Sua graça, mesmo assim Ele nos segue. Nunca forçando. Nunca nos abandonando. Persistindo com paciência. Presente e fiel. Ele utiliza todo o Seu poder para convencer-nos de que é quem é, e que podemos confiar Nele para nos levar para casa.

A propósito, a insistência fiel de Debbie comoveu o coração de Eric. Antes de sua vida terminar ele a reconheceu como irmã e, ao fazer isso, encontrou o caminho de volta.

É isso que Deus quer para você. Ele simplesmente quer que vá para casa com Ele. A fim de levá-lo nessa direção, Ele lhe oferece um presente.

Minha oração é que por meio destas páginas você veja o presente Dele como nunca viu antes.

Se já O aceitou, agradeça novamente por Ele.

Se nunca O aceitou, faça isso. Pois é o presente de uma vida inteira, um presente para todos.

O Dom de um Salvador

E o Verbo se fez carne e habitou entre nós... Estava no mundo, o mundo foi feito por intermédio Dele, mas o mundo não O conheceu... mas a todos quantos O receberam, deu-lhes o poder de serem feitos filhos de Deus; a saber, aos que crêem no seu nome... Porque todos nós temos recebido da sua plenitude, e graça sobre graça.

JOÃO 1:14,10,12,16

O PLANO DE DEUS PARA A HUMANIDADE ESTAVA PRESTES A COMEÇAR. PREPARADO NOS CORREDORES DO CÉU E EXECUTADO NAS PLANÍCIES DA TERRA. SÓ A SANTIDADE PODERIA TÊ-LO IMAGINADO. SÓ A DIVINDADE PODERIA TÊ-LO POSTO EM PRÁTICA. SÓ A JUSTIÇA PODERIA TÊ-LO SUPORTADO. UMA VEZ COMEÇADO O PLANO NÃO HAVERIA RETORNO. O CRIADOR SABIA DISSO. O FILHO SABIA DISSO E, EM BREVE, A PRÓPRIA TERRA TESTEMUNHARIA A MAJESTADE CELESTE DESCENDO SOBRE O PLANETA.

COMEÇOU NA MANJEDOURA

*T*udo aconteceu num momento notável... não houve outro igual. Nessa fração de tempo, algo espetacular ocorreu. Deus tornou-se homem. A divindade chegou. Os céus se abriram e colocaram Sua maior preciosidade num ventre humano.

O onipotente, num instante, tornou-se carne e sangue. Aquele que é maior do que o universo tornou-se um embrião microscópico. Aquele que sustenta o mundo com uma palavra escolheu ser alimentado por uma jovem.

Deus chegou mais perto.

Ele não veio como um relâmpago ou um conquistador inacessível, mas como alguém cujos primeiros gritos foram ouvidos por uma camponesa um carpinteiro sonolento. Maria e José podiam ser tudo, menos realeza. Todavia, o céu confiou o Seu maior tesouro a esses pais assim tão simples. Começou numa manjedoura, esse momento grandioso no tempo.

Ele podia parecer tudo menos um rei. Seu rosto, enrugado e vermelho. Seu choro, o grito indefeso e agudo de uma criança dependente.

Majestade em meio ao mundanismo. Santidade em meio ao esterco de ovelhas e suor. Esta criança supervisionara o universo. Aqueles trapos que a mantinham aquecida eram as vestes da eternidade. O salão dourado do trono fora abandonado a favor de um curral de ovelhas. Anjos em adoração haviam sido substituídos por pastores bondosos, mas confusos.

Como era curioso esse salão do trono real. Nada de tapeçarias cobrindo as janelas, nem trajes de veludo nos cortesãos. Não havia um cetro de ouro nem uma coroa brilhante. Quão estranhos os sons na corte. Vacas mastigando, cascos batendo no chão, uma mãe cantarolando, uma criança sendo amamentada.

A história do rei poderia ter começado em qualquer parte. Curiosamente, porém, começou numa manjedoura. Entre pela porta, espie pela janela.

Ele chegou!

UM DIA DE ADEUS

Estava na hora de Jesus partir. A carpintaria tinha sido Sua casa, Seu refúgio. Ele viera para despedir-se, para sentir o cheiro da serragem e da madeira só mais uma vez.

A vida ali era pacífica. Tão segura. Ali Ele havia passado muitas horas de contentamento. Naquele chão sujo brincara quando criança, enquanto o pai trabalhava. José lhe ensinara ali a pegar o martelo e naquela bancada construíra sua primeira cadeira.

Bem ali Suas mãos moldaram a madeira que Suas mãos haviam criado. E foi ali que seu corpo amadureceu, enquanto Seu espírito esperava pelo momento certo, pelo dia certo.

E agora esse dia chegara.

Fico imaginando se Ele queria ficar.

Fico imaginando porque sei que Ele já lera o último capítulo. Sabia que os pés que sairiam da sombra segura da carpintaria não descansariam até que fossem traspassados e colocados numa cruz romana.

Veja bem, Ele não precisava partir. Tinha uma escolha. Poderia ter ficado. Poderia ter ignorado ou pelo menos adiado a convocação. Se decidisse ficar, quem saberia? Quem O culparia?

Poderia ter voltado como homem em outra época, quando a sociedade não fosse tão inconstante, quando a religião não fosse tão ultrapassada, quando as pessoas ouvissem melhor.

Poderia ter voltado quando as cruzes estivessem fora da moda.

Mas Seu coração não permitia. Se houve hesitação por parte da Sua humanidade, foi vencida pela compaixão da Sua divindade. Sua divindade ouviu as vozes. Sua divindade ouviu as vozes. Sua divindade ouviu os gritos sem esperança dos pobres, as amargas acusações dos abandonados, o desespero dos que estavam tentando salvar a si mesmos.

Sua divindade viu as faces. Algumas enrugadas, outras chorando. Algumas ocultas por trás de véus. Algumas obscurecidas pelo medo. Alguns rostos sinceros em sua busca. Outros inexpressivos, cheios de tédio. Da face de Adão à face da criança nascida em alguma parte do mundo enquanto você lê estas palavras, viu a todas.

Pode estar certo de uma coisa. Entre as vozes que alcançaram a carpintaria em Nazaré estava a sua. Suas orações silenciosas, pronunciadas sobre a morte e a eternidade foram respondidas antes de serem feitas. E sua maior necessidade, a sua necessidade e um Salvador, foi satisfeita antes que tivesse pecado.

Ele não só ouviu você, mas também o viu. Viu seu semblante alegre no momento em que o conheceu. Viu sua face envergonhada quando caiu pela primeira vez. O mesmo rosto que olhou para você do espelho esta manhã, olhou também para ele. E bastou matá-lo.

Ele partiu por sua causa.

Deixou sua segurança ao lado do martelo. Pendurou a tranquilidade no cabide junto ao avental. Fechou as persianas da janela sobre o sol da sua juventude e trancou a porta sobre o conforto e a facilidade do anonimato.

Sabendo que poderia carregar mais facilmente seus pecados do que suportar a ideia da sua desesperança, Ele escolheu ir embora.

Não foi fácil. Mas era amor.

DEUS ENCARNADO

Deus decidiu revelar-se mediante um corpo humano. A língua que chamou o morto era humana. A mão que tocou o leproso tinha as unhas sujas. Os pés sobre os quais a mulher chorou eram calosos e empoeirados. E as lágrimas... oh, não perca as lágrimas... elas brotaram de um coração tão partido quanto o seu ou o meu já foram um dia.

As pessoas se aproximavam Dele. E como o procuravam! Chegavam à noite; tocavam Nele enquanto andava pela rua; o seguiam junto ao mar; convidavam-no para as suas casas e colocavam os filhos aos Seus pés. Por quê? Porque Ele se recusou a ser uma estátua numa catedral ou sacerdote num púlpito elevado. Preferiu, em vez disso, ser um Jesus acessível, do qual era possível aproximar-se e tocar.

Não há qualquer insinuação sobre alguém que temesse chegar até Ele. Alguns zombaram. Outros tiveram inveja. Houve até uns que não O compreenderam e outros que O reverenciaram. Mas ninguém que O considerasse santo demais, divino demais ou celestial demais para ser tocado. Não houve ninguém que relutasse em achegar-se a ele com medo da rejeição.

SALVADOR COMPASSIVO

"Ao desembarcar, viu Jesus uma grande multidão e compadeceu-se deles, porque eram como ovelhas que não tem pastor. E passou a ensinar-lhes muitas coisas"

MARCOS 6:34

"Desembarcando, viu Jesus uma grande multidão, compadeceu-se dela e curou os seus enfermos"

MATEUS 14:14

Fico contente porque esses versículos não foram escritos a meu respeito. É muito bom porque milhares de pessoas não estavam dependendo de Max para serem ensinadas e alimentadas. Especialmente num dia que eu soubera da morte de um amigo querido. Especialmente num dia que queria ficar só com meus amigos. Especialmente depois de ter entrado num barco para fugir das multidões. Se fosse eu, nas sandálias de Jesus, na praia de Betsaida, esses versículos teriam dito mais ou menos isto:

Eles eram como ovelhas sem pastor. Max disse então que deixassem de pastar em sua propriedade e voltassem aos seus redis.

Quando Max chegou e viu a grande multidão, ele resmungou algo sobre como é difícil conseguir um dia de folga e ligou para o helicóptero. Ele e os discípulos escaparam então para um refúgio particular.

É ótimo que eu não seja responsável por essas pessoas. Não teria disposição para ensiná-las. Não desejaria sequer estar com elas.

Mas quando penso no assunto, Jesus também não queria estar com elas. Afinal de contas, ele as deixou, não foi? Ele tinha o propósito de afastar-se e ficar sozinho. O que aconteceu então? Por que não as mandou embora? O que o fez mudar de ideia e passar o dia com aqueles que tentara evitar?

Resposta? *"Compadeceu-se deles"* (Mateus 14:14).

O termo grego para compaixão é *splanchnizomai*, que não vai significar muito para você a não ser que seja um profissional da saúde e tenha estudado "esplancnologia" na escola. Caso positivo, lembre-se de que "esplancnologia" é um estudo das vísceras. Ou, em linguagem atualizada, um estudo nas entranhas.

Quando Mateus escreve que Jesus teve compaixão do povo, não está indicando que o Mestre sentiu pena casual. O termo é muito mais descritivo. Mateus está dizendo que Jesus sentiu o sofrimento do povo em Suas entranhas.

Ele sentiu o manquejar do aleijado.
Ele sentiu a dor dos enfermos.
Sentiu a solidão do leproso.
Sentiu a vergonha dos pecadores.

Uma vez que sentiu as suas dores, não conseguiu fazer outra coisa senão curar esse sofrimento. Sentiu-se visceralmente comovido pelas necessidades deles. Ficou tão tocado por elas que se esqueceu de suas próprias necessidades. Comoveu-se de tal forma que colocou as suas mágoas na maior boca do fogão. Quando Jesus chegou a Betsaida, estava triste, cansado e ansioso para ficar a sós com os discípulos. Ninguém o teria culpado se dispensasse às multidões pela segunda vez. Mas não fez isso. Mais tarde o faria. Mais tarde exigiria que partissem e buscaria a solidão.

Mas não antes de "curar os seus enfermos" (Mateus 14:14) e lhes ensinar "muitas coisas" (Marcos 6:34). O "eu" ficou esquecido e o Salvador compassivo serviu a todos.

JESUS SABE COMO VOCÊ SE SENTE

Jesus sabe como você se sente. Você está sendo pressionado no emprego? Ele sabe como se sente. Tem mais a fazer do que é humanamente possível? Ele também. As pessoas tiram mais de você do que dão? Ele compreende. Seus adolescentes não querem ouvi-lo? Seus alunos não querem estudar? Jesus sabe como você se sente.

Você é precioso para Ele. Tão precioso que se tornou como você para que pudesse se aproximar Dele.

Quando você luta, Ele presta atenção. Quando tem um anseio, Ele responde. Quando questiona, Ele ouve. Ele já esteve onde você está.

Da mesma forma que o menino na história que segue, Jesus enxerga você com um coração compassivo. Ele sabe que você é especial...

Um menino entrou numa loja de animais de estimação. Examinou cada filhote. Levantou cada um, examinou-o e colocou-o de volta na caixa.

Depois de alguns minutos, ele disse ao dono da loja: "Escolhi um. Quanto custa?"

O homem disse o preço e o garoto prometeu voltar em alguns dias com o dinheiro. "Não demore muito", advertiu o homem. "Cachorrinhos assim vendem rapidamente".

O menino se virou, sorrindo com ar entendido. "Não estou preocupado, o meu vai esperar por mim", — replicou.

O menino resolveu trabalhar — cortando grama, lavando janelas, limpando quintais. Trabalhou bastante e economizou o dinheiro. Quando tinha o suficiente para comprar o cãozinho, voltou à loja.

Aproximou-se do balcão e tirou do bolso um maço de notas. O dono contou as notas e depois de verificar o total, sorriu para o menino e disse: "Está bem, filho, vá buscar seu cãozinho".

O menino enfiou a mão no fundo da caixa e tirou um cachorrinho magro, aleijado de uma perna. Quando saía, o dono fez parar.

"Não leve esse", recomendou. "É aleijado. Não pode brincar. Nunca vai correr com você. Não sabe ir buscar as coisas. Pegue um dos sadios."

"Não, obrigado senhor", respondeu o menino. "Este é exatamente o cachorrinho que eu estava procurando".

Quando o menino se virou para ir embora, o dono da loja ia falar, mas ficou calado. De repente ele compreendeu, pois na barra da calça do menino via-se um aparelho — uma prótese para sua perna aleijada.

Por que o menino queria o cão? Porque sabia como ele se sentia. E sabia que era muito especial.

FÉ MANTIDA, FÉ ABENÇOADA

Dias depois, entrou Jesus de novo em Cafarnaum, e logo correu que Ele estava em casa. Muitos afluíram para ali, tantos que nem mesmo junto à porta eles achavam lugar; e anunciava-lhes a palavra. Alguns foram ter com ele, conduzindo um paralítico, levado por quatro homens. E, não podendo aproximar-se dele, por causa da multidão, descobriram o eirado no ponto correspondente ao em que ele estava e, fazendo uma abertura, baixaram o leito em que jazia o doente. Vendo-lhes a fé, Jesus disse ao paralítico: Filho, os teus pecados estão perdoados.

MARCOS 2:1-5

Jesus comoveu-se com aquela demonstração de fé. Quatro homens tiveram tamanha esperança Nele e tamanho amor pelo amigo que se arriscaram. O leito que baixava era um sinal do alto — alguém crê! Alguém estava disposto a arriscar a vergonha e o dano por alguns momentos com o Galileu.

Jesus se comoveu. Aplaudiu então — se não com as mãos, pelo menos com o coração. Ele não só aplaudiu, como também abençoou. E testemunhamos uma explosão de amor divino.

Os amigos queriam que Ele curasse o enfermo. Mas, Jesus não se limitou a uma simples cura física — Ele quer curar a alma. Ele salta por sobre o físico e lida com o espiritual. Curar o corpo é temporal; curar a alma é eterno.

O pedido do amigo é válido, mas tímido. As expectativas da multidão são grandes, mas não o suficiente. Eles esperam que Jesus diga: "Curo você". Mas, em vez disso, Ele diz: "Eu o perdôo". Ele esperam que cure o corpo, pois isso é o que vêem.

Ele prefere tratar não só o corpo, mas também o espírito, pois é isso que ele vê.

Eles querem que Jesus dê ao homem um corpo novo, para que possa andar. Jesus dá graça para que o homem possa viver.

Notável. Deus fica às vezes tão comovido com o que vê que nos dá o que precisamos e não simplesmente aquilo que pedimos.

A propósito, Jesus não mudou desde o dia em que o leito foi baixado até a Sua presença nas cordas da esperança.

O que aconteceu então ainda acontece hoje. Quando damos um passo de fé, Deus vê. O mesmo rosto que sorriu para o paralítico sorri para o alcoólatra que recusa a bebida. Os mesmos olhos que brilharam para os amigos, brilham para a mãe e o pai que fazem tudo para levar o filho a Cristo. Os mesmos lábios que falaram com o homem em Detroit, a mulher em Belfast, a criança em Moscou... a qualquer pessoa em qualquer lugar que ouse entrar na presença de Deus e pedir ajuda.

Embora não possamos ouvir aqui, os anjos podem ouvir lá. Todo o céu deve fazer uma pausa enquanto outra explosão de amor diz as únicas palavras que realmente importam: "Seus pecados estão perdoados".

A GRANDE TROCA

*U*m amigo estava na Disneylândia há algum tempo e procurou um lugar para descansar com a família no castelo da Cinderela. Infelizmente, outras pessoas fizeram o mesmo. O lugar ficou lotado de crianças com os pais. De repente, todas as crianças correram para um lado. Se fosse um barco, o castelo teria afundado. Cinderela estava entrando.

Cinderela. A princesa querida. Uma jovenzinha linda, com cada fio de cabelo no lugar, uma pele impecável e um sorriso radioso. Ela ficou ali mergulhada num jardim de crianças, cada uma querendo tocar e ser tocada.

O outro lado do castelo estava tão vazio, exceto por um menino de sete ou oito anos. Sua idade era difícil de determinar por causa do corpo desfigurado. De pequena estatura, com o rosto deformado, ele ficou observando silencioso e triste, segurando a mão de um irmão mais velho.

Sabe o que ele desejava? Queria estar com as outras crianças. Ansiava por fazer parte do grupo junto de Cinderela, aqueles que a chamavam pelo nome. Mas você está sentindo o medo de outra rejeição? Medo de ser novamente provocado, ridicularizado?

Você não gostaria que Cinderela fosse até ele? Adivinhe! Ela foi!

Ela notou o garotinho e começou imediatamente a andar na sua direção. Polida, mas firmemente, foi passando por entre a multidão de crianças, até finalmente livrar-se delas. Atravessou o salão, ajoelhou-se diante do menino surpreso e deu um beijo em seu rosto.

A história me faz lembrar de outra figura real. Os nomes são diferentes, mas o conteúdo não é quase o mesmo? Em vez de uma princesa da Disney, nos referimos ao Príncipe da Paz. Em vez de um menino num castelo, nossa história é sobre você e eu.

Em ambos os casos um presente foi dado. Em ambos os casos o amor foi compartilhado. Em ambos os casos o gesto vai além das palavras.

Jesus fez, no entanto, mais que Cinderela. Muito, muito mais! Cinderela deu apenas um beijo. Quando ela se levantou para ir embora levou consigo a sua beleza. O menino continuou deformado. E se Cinderela tivesse feito o mesmo que Jesus? Se assumisse a condição dele? Se tivesse dado de alguma forma sua beleza a ele e aceitasse ficar desfigurada?

Foi isso que Jesus fez.

> Certamente, Ele tomou sobre si as nossas enfermidades e as nossas dores levou sobre Si; e nós O reputávamos por aflito, ferido de Deus e oprimido. Mas Ele foi traspassado pelas nossas

transgressões e moído pelas nossas iniqüidades; o castigo que nos traz a paz estava sobre Ele, e pelas Suas pisaduras fomos sarados

ISAÍAS 53:4-5

Não se engane.

Jesus deu mais que um beijo — Ele deu Sua beleza.

Jesus pagou mais que uma vista — Ele pagou pelos nossos erros.

Jesus tomou mais que um minuto — Ele tomou sobre Si nossos pecados.

OLHOS NO SALVADOR

Um grupo de alpinistas decidiu escalar uma enorme montanha na Europa. Lá em cima havia um pico rochoso coberto de neve, um panorama de tirar o fôlego. Nos dias claros, o cume surgia altaneiro no horizonte. Sua ponta branca se projetava para o céu, convidando à admiração e oferecendo inspiração.

Em dias como aquele os alpinistas faziam mais progresso. O pico ficava acima deles, como um alvo a atraí-los. Os olhos sentiam-se compelidos a fitar o alto. O grupo andava mais rápido. A colaboração entre eles era mais generosa. Embora muitos, subiam como um só, todos observando o mesmo cume.

Todavia, em outros dias, o pico da montanha ficava oculto da vista. A coberta de nuvens escondia o azul com um teto cinza monótono, bloqueando a visão da cimeira. Nesses dias a subida era árdua. Os olhos baixavam e os pensamentos se recolhiam. O alvo fica esquecido. O mau humor reinava. O cansaço era um companheiro não convidado. As queixas machucavam como espinhos na trilha.

Nós somos assim, não é? Enquanto podemos ver nosso sonho, enquanto nosso alvo fica à vista, não há montanha que não possamos escalar ou monte que não tenhamos condição de alcançar. Mas tire a nossa visão, esconda a trilha de vista e o resultado é tão desanimador quanto a jornada.

Pense nisso. Oculte o Nazareno que nos chama do alto da montanha e veja o que acontece.

Escute os gemidos dos alpinistas enquanto param e sentam do lado do caminho. Por que continuar se não há alívio à vista? Os peregrinos que não tem uma visão da terra prometida se tornam proprietários de sua própria terra. Eles acampam. Trocam as botas de alpinistas por chinelos e seus bordões por espreguiçadeiras.

Em vez de olhar para o alto, para Ele, olham para dentro de si mesmos e uns para os outros. O resultado? Famílias em conflito. Líderes inquietos. Cercas levantadas. Território murado. Avisos de *"Proibida a Entrada!"* pendurado nos corações e nas casas. As discussões terminam em brigas, enquanto grupos míopes se voltam para apontar as fraquezas alheias em vez de adorar sua Força comum.

Note bem. Somos aquilo que vemos. Se vemos apenas a nós mesmos, nossos túmulos terão o mesmo epitáfio que Paulo usou para descrever os inimigos de Cristo: "O destino deles é a perdição, o deus deles é o ventre, e a glória deles está na sua infâmia, visto que só se preocupam com as coisas terrenas" (Filipenses 3:19).

Os seres humanos não foram feitos para habitar na neblina das terras baixas sem qualquer visão do seu Criador.

Foi por isso que Deus chegou mais perto. Para ser visto.

Por essa razão, os que o viram nunca mais foram os mesmos. "Eles viram a sua glória", exclamou um seguidor.

"Somos testemunhas da sua majestade", sussurrou um mártir.

Eles viram o cume. Respiraram o ar fresco das terras altas. Tiveram um vislumbre do pináculo. E se recusaram a desistir até chegarem ao cimo. Queriam ver Jesus.

Ver Jesus é todo o significado do cristianismo. O serviço cristão, em sua forma mais pura, não é nada mais do que imitar aquele a quem vemos. Ver a sua majestade e imitá-lo, essa a suma do cristianismo.

É por isso que aqueles que o vêem hoje nunca mais são os mesmos.

Adquirir uma visão do seu Criador pode ser como o início de uma vida inteiramente nova. Como um novo nascimento. De fato, Aquele que inspirou este livro disse que um novo começo e uma boa visão são inseparáveis. "Quem não nascer de novo não pode ver o reino de Deus".

Se Jesus é quem Ele diz ser, não há vontade mais digna do Seu tempo e não há deus mais digno da Sua devoção.

Continue subindo e continue olhando para o alto. Mas, não desvie os olhos do Salvador.

VENHA E VEJA

> Perguntou-lhe Natanael: De Nazaré pode sair alguma coisa boa? Respondeu-lhe Filipe: Vem e vê
>
> JOÃO 1:46

A pergunta de Natanael ainda continua suspensa no ar, mesmo depois de dois mil anos. A vida do jovem nazareno é realmente digna de consideração?

A resposta de Filipe ainda basta: "Vem e vê".

Venha e veja a rocha que suportou os ventos do tempo.

Ouça Sua voz.

A verdade inabalável,

    A graça imaculada,

        A lealdade sem medo.

Venha e veja a chama que os tiranos e déspotas não conseguiram extinguir.

Venha e veja a paixão que a tirania não sufocou.

Venha e veja os hospitais e orfanatos que se levantam ao lado das ruínas do humanismo e do ateísmo.

Venha e veja o que Cristo fez.

Pode alguma coisa boa sair de Nazaré? Venha e veja.

Venha e veja as vidas transformadas;
> Os alcoólatras agora sóbrios;
>> Os amargurados agora jubilosos;
>>> Os indignos agora perdoados.

Venha e veja os casamentos refeitos, os órfãos abraçados, os presos inspirados.

Vá para a floresta e ouça os ruídos dos tambores louvando.

Entre nos recessos do comunismo e descubra crentes adorando sob a ameaça da morte.

Ande pelos corredores onde se encontram os que vão ser executados e veja o prisioneiro condenado pelo homem mas libertado por Deus.

Pode algo bom sair de Nazaré?

Venha e veja a mão traspassada de Deus tocar o mais simples coração, enxugar a lágrima da face enrugada e perdoar o pecado mais vil.

Venha e veja.
> Ele não evita que ninguém o busque.
>> Não ignora qualquer sondagem.
>>> Não teme qualquer investigação.

Venha e veja.

Natanael veio e viu.

Natanael descobriu então: "Mestre, Tu és o Filho de Deus, Tu és Rei de Israel!"

Resgate para os Pecadores

Mas Deus prova o Seu próprio amor para conosco pelo fato

de ter Cristo morrido por nós, sendo nós ainda pecadores.

ROMANOS 5:8

JESUS, O SENHOR NÃO PENSA EM SALVAR A SI MESMO?

O QUE O PRENDE AÍ? O QUE O SEGURA NA CRUZ?

PREGOS NÃO PRENDEM DEUSES EM MADEIROS. O QUE

O MANTÉM?.

O CAMINHO PARA O CALVÁRIO

*C*risto veio ao mundo por uma única razão: dar a Sua vida como resgate por você, por mim, por todos nós. Ele se sacrificou para dar-nos uma segunda oportunidade. Teria feito tudo com esse propósito. E fez. Foi para a cruz, onde o profundo desespero do homem coincidiu com a graça plena de Deus. Nesse momento, quando o grande presente de Deus se completou, o Cristo compassivo mostrou ao mundo o preço desse dom.

Trace o caminho deste Salvador, o Deus que trocou a realeza celestial pela pobreza eterna. Seu leito tornou-se, na melhor das hipóteses, um catre tomado de empréstimo — e quase sempre a terra dura. Seu sustento dependia do que lhe davam. Ficava às vezes com tanta fome que comia os grãos crus ou apanhava fruta das árvores. Sabia o que era não ter um teto onde se abrigar. Foi ridicularizado. Seus vizinhos tentaram linchá-lo. Alguns o chamaram de louco. Sua família quis prendê-lo em casa. Seus amigos nem sempre lhe foram fiéis.

Ele foi acusado de um crime que nunca cometeu. Testemunhas foram subornadas para medir a seu respeito. O júri era comprado. Um juiz dominado pela política condenou-o a morte.

Eles o mataram.

Por quê? Por causa do presente que só Ele podia dar.

Aquele que era perfeito deu-nos registro perfeito e nosso registro imperfeito foi dado a Ele. Jesus "morreu, uma única vez, pelos pecados, o justo pelos injustos, para conduzir-vos a Deus" (I Pedro 3:18). Em consequência, a santidade de Deus é honrada e Seus filhos perdoados.

AS SOMBRAS DE UM CORAÇÃO PARTIDO

> Então, foram a um lugar chamado Getsêmani; ali chegados, disse Jesus a seus discípulos: Assentai-vos aqui, enquanto eu vou orar. E, levando consigo a Pedro, Tiago e João, começou a sentir-se tomado de pavor e de angústia. E lhes disse: a minha alma está profundamente triste até à morte; ficai aqui e vigiai. E, adiantado-se um pouco, prostrou-se em terra; e orava para que, se possível, lhe fosse poupada aquela hora. E dizia: Aba, Pai, tudo Te é possível; passa de mim este cálice; contudo, não seja o que Eu quero, e sim o que Tu queres
>
> MARCOS 14:32-36

Veja as frases: "Tomado de *pavor* e *angústia*..." "A minha alma está profundamente triste *até a morte*..."

"Adiantando-se um pouco, *prostrou-se* em terra..."

Isto nos faz pensar num Jesus santo, repousando na palma

da mão de Deus? De modo algum! Marcos usou tinta preta para descrever a cena. Vemos um Jesus agonizante, sofrendo e lutando. Vemos um "homem de dores". Um homem lutando com o medo, com os compromissos e ansiando por alívio.

Vemos Jesus em meio às sombras de um coração partido.

O escritor de Hebreus declararia mais tarde:

"Ele, Jesus, nos dias da Sua carne, tendo oferecido, com forte clamor e lágrimas, orações e súplicas a quem o podia livrar da morte e tendo sido ouvido por causa da sua piedade" (Hebreus 5:7).

Que retrato! Jesus sofrendo. Jesus com medo. Jesus revestido de humanidade e não de santidade.

Da próxima vez em que as sombras o envolverem, você faria bem em lembrar de Jesus no jardim. Quando pensar que ninguém o compreende, releia o capítulo quatorze de Marcos. Quando a autopiedade convencê-lo de que ninguém se importa, faça uma visita ao Getsêmani. E quando indagar se Deus realmente se dá conta do mal que prevalece neste planeta poeirento, ouça Jesus suplicando entre as árvores torcidas.

Ver Deus desse modo faz maravilhas para o nosso próprio sofrimento. Deus nunca mais foi humano do que nessa hora. Deus nunca esteve tão perto de nós como quando sofreu. Encarnação nunca foi tão real como no jardim.

Assim sendo, o tempo passado nas sombras do sofrimento pode ser o maior presente de Deus. Pode ser a hora em que finalmente vemos nosso Criador. Se é verdade que no sofrimento Deus assemelha mais ao homem, talvez em nosso sofrimento possamos ver Deus como nunca antes.

Observe atentamente. Pode ser muito bem que a mão que se estende para guiar você e tirá-lo das sombras esteja traspassada.

SÓCIO NO PLANO

> Sendo este (Jesus) entregue pelo determinado desígnio e presciência de Deus, vós o matastes, crucificando-o por mãos de iníquos, ao qual, porém, Deus ressuscitou, rompendo os grilhões da morte; porquanto não era possível fosse ele retido por ela
>
> ATOS 2:23-24

A cruz não foi um acidente.

A morte de Jesus não resultou do pânico de um engenheiro cósmico. A cruz não foi uma surpresa trágica. O Calvário não foi uma reação involuntária a um mundo a caminho do fim. Não foi parte de um trabalho provisório ou de uma medida-tampão.

A morte do Filho de Deus pode ter sido tudo, menos um perigo inesperado.

Ela fez parte de um plano incrível. Uma decisão calculada.

No momento em que o fruto proibido tocou os lábios de Eva, a sombra da cruz surgiu no horizonte. Entre esse momento e o momento em que o homem com o martelo fincou o prego no pulso de Deus, um plano-mestre foi cumprido.

O que isso significa? Significa que Jesus planejou seu próprio sacrifício.

Significa que Jesus plantou deliberadamente a árvore da qual Sua cruz seria esculpida.

Significa que Ele deliberadamente plantou no coração da terra o minério de ferro, do qual os pregos seriam feitos.

Significa que Ele pôs voluntariamente o Seu Judas no ventre de uma mulher.

Significa que foi Cristo quem colocou em movimento a máquina política que evitaria Pilatos a Jerusalém.

Significa igualmente que Ele não tinha de fazer isso — mas fez.

Não foi acidente, tomara que fosse! Até o mais cruel dos criminosos é poupado da agonia de ter a sua sentença de morte lida para Ele antes que a Sua vida tenha tido início.

Mas Jesus nasceu crucificado. Quando se tornou consciente de quem era, também se conscientizou do que teria de fazer. A sombra em forma de cruz estava sempre à vista. Os gritos dos prisioneiros do inferno podiam ser também sempre ouvidos.

Isto explica o brilho de determinação em seu rosto quando seguiu para Jerusalém pela última vez. Era a sua marcha final (Lucas 9:51).

Isto explica a sua firmeza nas palavras:

"Por isso, o Pai me ama, porque eu dou a minha vida

para a reassumir. Ninguém a tira de mim; pelo contrário, eu espontaneamente a dou. Tenho autoridade para a entregar e também para reavê-la. Este mandato recebi de meu Pai" (João 10:17,18).

A cruz explica porque João Batista apresentou Jesus às multidões como o "Cordeiro de Deus, que tira os pecados do mundo" (João 1:29).

Talvez seja também porque Ele arrancou a erva pela raiz no Getsêmani. Ele sabia o inferno que iria suportar ao dizer: "Seja feita a Tua vontade".

É possível que amasse tanto as crianças por causa da cruz. Elas representavam exatamente o que Ele teria de dar: Vida.

As cordas usadas para amarrar suas mãos e os soldados que o levaram para a cruz eram desnecessários. Foram apenas acidentais. A mesma crucificação teria ocorrido se não estivessem ali, se não tivesse havido um julgamento, um Pilatos, uma multidão. Se Jesus tivesse sido forçado a pregar a Si mesmo na cruz, Ele o teria feito. Pois não o foram os soldados que O mataram, nem os gritos da plebe: foi a Sua decisão a nós.

Dê então o nome que quiser: Um ato de graça, um plano de redenção, o sacrifício de um mártir. Mas, qualquer seja o nome que Lhe dê, não chame de acidente. Pode ter sido tudo, menos isso.

ELE VIU VOCÊ

A oração final de Jesus foi sobre você. Seu último sofrimento foi por você. Sua última paixão também. Antes de ir para a cruz, Jesus foi ao jardim. Quando falou com o Pai, você fazia parte das Suas orações. Quando olhou para o céu, você estava em Sua visão. Quando sonhou com o dia em que estaremos onde Ele está, Ele o viu.

Ele nunca havia se sentido tão só. O que tinha de ser feito, só Ele podia fazer. Um anjo não teria condições. Nenhum anjo tem poder para abrir as portas do inferno. Um homem também não. Homem algum tem a pureza necessária para destruir as demandas do pecado. Poder algum na terra pode enfrentar a força do mal e vencer — exceto Deus.

Deus não podia voltar as costas a você. Não podia porque viu você, e um só olhar foi tudo que precisou para convencê-lo. Bem ali, no meio de um mundo injusto, Ele viu o lançado num rio da vida que não pediu. Viu você traído por aqueles a quem ama, viu-o com um corpo enfermo e um coração enfraquecido.

Viu você em seu jardim de árvores nodosas e amigos sonolentos. Ele o viu olhando no abismo de seus próprios fracassos e na cova de sua própria sepultura. Viu você no seu Jardim do Getsêmani e não queria que ficasse sozinho.

Queria que soubesse que ele também havia estado ali. Ele sabe como é alguém conspirar contra a sua pessoa. Mais que tudo, talvez, Ele sabe como é pedir a Deus que mude de ideia e ouvi-lo dizer com bondade e firmeza: "Não".

Foi justamente isso que Deus disse a Jesus, e Ele aceitou a resposta. Em algum momento, durante aquela hora da noite, um anjo de misericórdia desceu sobre o corpo cansado do homem no jardim. Jesus ficou de pé, a angústia desapareceu de seus olhos. Seu coração não mais lutaria.

A batalha foi vencida. O sinal da vitória? Jesus em paz junto às oliveiras.

Na véspera da cruz, Jesus tomou a Sua decisão. Ele preferia ir para o inferno por você a ir para o Céu sem você.

O SILÊNCIO DO CÉU

Durante a noite mais escura de Sua vida, Jesus experimentou a falta de resposta à oração, serviço improdutivo e traição incrível. Jesus acabara de fazer uma súplica angustiada a Deus. "Adiantando-se um pouco, prostrou-se sobre o Seu rosto, orando e dizendo: Meu Pai, se possível, passa de mim este cálice! Todavia, não seja como eu quero, e sim como Tu queres" (Mateus 26:39).

Mateus diz que Jesus "começou a angustiar-se e entristecer-se" (Mateus 26:37). O Mestre "prostrou-se sobre o rosto" (Mateus 26:39) e clamou a Deus. Lucas nos informa que Jesus estava "em agonia" e que "o seu suor se tornou como gotas de sangue caindo sobre a terra" (Lucas 22:44).

A terra nunca ofereceu um pedido tão urgente. E o Céu nunca ofereceu um silêncio mais pesado. A oração de Jesus não teve resposta. *Jesus e oração sem resposta* na mesma frase? Não será isso uma contradição? O Filho de Henry Ford não teria um carro Ford ou o de Bill Gates não teria um computador? Deus, que possui rebanhos em milhares de campos, iria reter algo de seu próprio Filho? Ele fez isso naquela noite. E foi só o começo. Veja o que aconteceu em seguida:

Judas chegou com um grupo zangado (Mateus 26:47,51). Jesus não só teve de enfrentar a oração respondida, como também tratar com o serviço improdutivo. Aqueles a quem viera para salvar queriam agora prendê-lo.

Traição inconcebível! *Todos* prometeram lealdade; todavia, todos fugiram. Os discípulos o abandonaram. O povo O rejeitou e talvez, mais doloroso que tudo, a oração não respondida: Deus não O ouviu. Do ponto de vista humano, o mundo de Jesus desmoronou. Nenhuma resposta do Céu, nenhuma ajuda das pessoas, nenhuma lealdade dos amigos.

No entanto, de alguma forma, apesar de todo o sofrimento, Jesus pôde distinguir o bem no mal, o propósito no sofrimento e a presença de Deus no problema.

Ele encontrou o bem no mal. Seria difícil encontrar alguém pior que Judas. A Bíblia diz: Judas "era ladrão... tendo a bolsa, tirava o que nela se lançava" (João 12:6). Judas pôde, porém, de alguma forma, viver na presença de Deus e experimentar os milagres de Cristo, mas sem sofrer transformação. No final decidiu que preferia o dinheiro ao amigo e vendeu Jesus por trinta moedas de prata. Judas era um patife, um trapaceiro e um imprestável. Como alguém poderia vê-lo de qualquer outro modo?

Jesus, porém, o viu. A apenas alguns centímetros do rosto de seu traidor, Jesus olhou para ele e disse: "Amigo, para que vieste?" (Mateus 26:50). O que Jesus viu em Judas como digno de ser chamado amigo, não posso imaginar. Mas sei que Jesus não mente e naquele momento Ele viu algo bom num homem muito mau.

Não só Jesus descobriu o bem no mal, como encontrou propósito no sofrimento. Das 98 palavras que Jesus pronunciou durante sua prisão, trinta se referem ao propósito de Deus. "Como, pois, se cumpririam as Escrituras, segundo as quais assim deve suceder?" (Mateus 26:54). "Tudo isto, porém, aconteceu para que se cumprissem as Escrituras" (Mateus 26:56).

Jesus escolheu considerar sua dificuldade imediata como uma parte necessária de um plano maior. Ele viu o conflito do Getsêmani como um ato importante mas singular no grande manuscrito do drama divino.

Onde vemos uma oração não respondida, Jesus viu oração respondida. Onde vemos a ausência de Deus, Jesus viu o plano de Deus. Note especialmente o versículo 53: "Acaso pensas que não posso rogar a Meu Pai, e Ele me mandaria neste momento mais de doze legiões de anjos?"

Jesus viu o que importava. Ele viu o Pai. Viu a presença do Pai no problema.

A QUALQUER CUSTO

$\mathcal{D}$eus numa cruz. O ato supremo da compaixão criativa. O Criador sendo sacrificado pela criação. Deus convencendo o homem de uma vez para sempre de que Ele daria tudo, pagaria qualquer preço para salvar Seus filhos. Ele poderia ter desistido. Virado as costas. Ter se afastado do caos em que o mundo se tornara, mas não fez isso.

Deus não desistiu.

Quando o povo da sua cidade tentou empurrá-lo de um penhasco, Ele não desistiu.

Quando seus irmãozinhos zombaram Dele, Ele não desistiu.

Quando foi acusado de blasfêmia contra Deus por um povo que não temia a Deus, Ele não desistiu.

Quando Pedro o adorou durante a ceia e o amaldiçoou junto ao fogo, Ele não desistiu.

Quando cuspiram em Seu rosto, não cuspiu de volta. Quando os espectadores o esbofetearam, não revidou. Quando o açoite rasgou seu lado, Ele não ordenou aos anjos à espera que fizessem o soldado engolir a chibatada.

Quando mãos humanas pregaram na cruz as mãos divinas, não foram os soldados que mantiveram firmes as mãos de Jesus. Deus as prendeu com firmeza. Essas mesmas mãos que formaram os oceanos e levantaram as montanhas. Essas mesmas mãos que desenharam a alvorada e moldaram cada nuvem. Essas mesmas mãos que projetaram um plano incrível para você e para mim.

Dê um passeio até o monte. Até o Calvário. Até a cruz onde, tinta de sangue santo, a mão que colocou você neste planeta escreveu a promessa: "Deus preferiu dar seu Filho unigênito a desistir de você".

CERTO OU JUSTO?

*N*ão era certo cuspirem nos olhos que haviam chorado por eles. Não era certo que os soldados arrancassem pedaços de pele das costas do seu Deus. Não era certo que pregos atravessassem as mãos que formaram a terra. E não era certo que o Filho de Deus fosse forçado a ouvir o silêncio de Deus.

Não era certo, mas aconteceu.

Enquanto Jesus estava na cruz, Deus ficou imóvel. Ele voltou as costas. Ignorou os gritos do inocente.

Manteve-se em silêncio enquanto os pecados do mundo eram colocados sobre seu Filho. Não fez nada, enquanto um grito milhares de vezes mais sangrento que o de João ecoou pelo céu de trevas: "Deus meu, Deus meu, por que me desamparaste?"

Era certo? Não.
Era justo? Não.
Era amor? Sim.

Num mundo de injustiça, Deus, de uma vez por todas, inclinou o braço da balança em prol da esperança. Fez isso ficando imóvel, para que pudéssemos conhecer o reino de Deus.

QUEBRANTADO POR VOCÊ

Aquele foi o grito de solidão mais torturado da história, não veio de um prisioneiro, de uma viúva, ou de um paciente. Veio de um monte, de uma cruz, de um Messias.

"Deus meu! Deus meu!" gritou Ele, "Por que me abandonaste?"

Nunca palavras contiveram tamanha dor. Nunca um ser esteve tão só.

O desespero é mais negro do que o céu. Os dois que haviam sido um agora são dois. Jesus, que estivera com Deus na eternidade, está sozinho. O Cristo, que era uma expressão de Deus, foi abandonado. A Trindade desfeita. A divindade desmembrada. A unidade dissolvida.

Isso foi mais do que Jesus pode suportar. Ele suportou as chicotadas e permaneceu firme nos julgamentos falsos. Observou em silêncio enquanto aqueles que amava se afastavam. Não revidou quando os insultos foram lançados, nem gritou quando os pregos entraram em Seus pulsos.

Mas, quando Deus voltou a cabeça para o lado, isso foi demais para Ele.

"Meu Deus!" O lamento brota de lábios ressequidos. O santo coração se partiu. O Portador de Pecados clama enquanto vagueia pelas vastidões desoladas e eternas. Do céu silencioso chegam os gritos de todos os que andam no deserto da solidão. "Por quê? Por que me abandonaste?"

Não posso compreender. Sinceramente não consigo. Por que Jesus fez isso? Eu sei. Eu sei. Já ouvi as respostas oficiais. "Para cumprir a antiga lei". "Para cumprir a profecia". E essas respostas estão certas. Mas, existe algo mais. Algo muito compassivo. Uma espécie de anseio. Algo pessoal.

O quê?

Será que Seu coração estava quebrantado por causa de todos os olhos desesperados erguidos para os céus escuros e que gritavam a mesma coisa: "Por quê?" Será que o Seu coração se partira com pena dos que sofriam? Seria o Seu desejo de tomar sobre Si os sofrimentos deles que o impeliu para a cruz? Se pudesse, não teria corrido para a cruz a favor de todo o sofrimento do mundo?

Eu O imagino, inclinando-se para os sofredores. Eu o imagino ouvindo. Imagino Seus olhos marejados e uma mão traspassada enxugando uma lágrima. Embora talvez não ofereça qualquer resposta, não solucione nenhum dilema, e embora a pergunta possa congelar-se dolorosamente no ar, aquele que um dia esteve também sozinho, compreende.

"ESTÁ CONSUMADO!"

Existem palavras mais esplêndidas na história? Duas palavras, contundentes mas vitoriosas.

"Está consumado."

Pare e escute por um momento.

Deixe que as palavras penetrem seu coração. Imagine o grito da cruz. O céu escureceu. As outras duas vítimas gemem. As línguas zombeteiras da multidão se calaram. Talvez haja trovões. Talvez choro. Talvez silêncio. Jesus respira fundo, acomoda os pés sobre os pregos romanos e clama: "Está consumado!".

O que se consumara?

O longo plano da história da redenção do homem havia terminado. A mensagem de Deus para o homem acabara. As obras feitas por Jesus como homem na terra tiveram fim. O trabalho fora concluído. A canção fora cantada. O sangue derramado. O sacrifício feito. O aguilhão da morte removido. Tudo se consumara.

Um grito de derrota? Se as mãos deles não estivessem presas, ouso dizer que um punho triunfante seria levantado para o céu sombrio. Não, não é um grito de desespero. É um grito de conclusão. De alívio. Um rugido de realização. Um berro de vitória.

Pai! (A voz é rouca).
A voz que chamou os mortos,
A voz que ensinou os interessados,
A voz que gritou para Deus,
Diz agora: "Pai!"
"Pai!"

Está consumado.
Um anjo suspira. Uma estrela enxuga uma lágrima.

"Leve-me para casa."
Sim, leve-o para casa.
Leve este príncipe para o Seu rei.
Leve este Filho para o Seu Pai.
Leve este peregrino para Seu lar.
    (Ele merece um descanso).
"Leve-me para casa".

Venham, dez milhares de anjos! Venham e levem este
    Trovador ferido para
        o aconchego dos braços do Pai!

Adeus criança da manjedoura.
Bendito sejas, embaixador Santo.

Vá para casa, vencedor da morte.
Descanse bem, doce soldado.
    A batalha terminou.

Graça Abundante

Mas Deus prova o Seu próprio amor para conosco pelo fato de ter Cristo morrido por nós, sendo nós ainda pecadores.

ROMANOS 5:8

"De sorte que já não és escravo, porém filho; e, sendo filho, também herdeiro por Deus."

GÁLATAS 4:7

REFLITA SOBRE A OBRA DE DEUS. ELE NÃO APROVA O NOSSO PECADO. NEM COMPROMETE OS SEUS PRINCÍPIOS. ELE NÃO IGNORA A NOSSA REBELIÃO, NEM DIMINUI SUAS EXIGÊNCIAS. EM VEZ DE DESCARTAR NOSSO PECADO, ELE O ASSUME E, DE MODO INCRÍVEL, CONDENA A SI MESMO. A SANTIDADE DE DEUS É HONRADA, NOSSO PECADO PUNIDO... E SOMOS REMIDOS. DEUS FAZ O QUE NÃO PODEMOS FAZER, A FIM DE PODERMOS SER AQUILO QUE NÃO OUSAMOS SONHAR: PERFEITOS DIANTE DELE.

PROMESSAS GRACIOSAS

Agora, pois, já nenhuma condenação há para os que estão em Cristo Jesus
ROMANOS 8:1.

(Deus é) o justificador daquele que tem fé em Jesus
ROMANOS 3:26

Pois, para com as suas iniquidades, usarei de misericórdia e dos seus pecados jamais me lembrarei
HEBREUS 8:12

Para os que estão em Cristo, essas promessas não são apenas uma fonte de alegria. Elas constituem também o alicerce da verdadeira coragem. Você tem a garantia de que seus pecados serão filtrados, ocultos e peneirados pelo sacrifício de Jesus. Quando Deus olha para você, Ele não o vê; vê Aquele que o rodeia. Isto significa que o fracasso não precisa preocupá-lo. A sua vitória está segura. Como poderia não ter coragem?

Pense deste modo. Imagine que está numa competição de patins sobre o gelo. Você está em primeiro lugar e só precisa dar mais uma volta. Se desempenhar-se bem, o troféu é seu. Você está nervoso, ansioso e com medo.

Então, alguns minutos antes da sua performance, o treinador corre em sua direção com notícias maravilhosas: Você já é campeão! Os juízes contaram os pontos e a pessoa que está em segundo lugar não poderá mais alcançá-lo. Você está na dianteira!

Responda à grande pergunta da eternidade e as pequenas questões da vida entrarão em perspectiva.

PERDÃO E PAZ

Mediante o sacrifício de Cristo, nosso passado é perdoado e nosso futuro garantido. E, "Justificados, pois, mediante a fé, temos paz com Deus por meio de nosso Senhor Jesus Cristo" (Romanos 5:1).

Paz com Deus. Que resultado maravilhoso da fé! Não apenas paz entre países, entre vizinhos, ou no lar; a salvação traz paz com Deus.

Certa vez um monge e seu aprendiz viajaram da abadia até um povoado próximo. Os dois se separaram nos portões da cidade, concordando em se encontrar na manhã seguinte depois de completar suas tarefas. Conforme planejado, eles se encontraram e fizeram o longo caminho de volta para a abadia. O monge notou que o jovem estava muito silencioso e perguntou-lhe se havia alguma coisa errada. "Isso não é da sua conta!" veio a resposta áspera.

O monge teve então certeza de que o irmão se achava perturbado, mas não disse nada. A distância entre os dois começou a aumentar. O aprendiz andava lentamente, como se quisesse separar-se do professor. Quando chegaram à abadia, o professor parou na porta e ficou à espera do aluno.

"Diga-me, filho, o que perturba a sua alma?"

O jovem começou a reagir outra vez, mas quando viu a cordialidade nos olhos do mestre, seu coração abandonou-se.

"Pequei muito!" soluçou ele. "Dormi a noite passada com uma mulher e traí meus votos. Não sou digno de entrar na abadia ao seu lado".

O professor colocou o braço por sobre os ombros do estudante e disse: "Vamos entrar juntos na abadia e entraremos também juntos na catedral. Confessaremos juntos o seu pecado. Ninguém senão Deus saberá qual de nós dois caiu".

Essa não é uma descrição do que Deus fez por nós? Enquanto nos calamos sobre o nosso pecado, nos afastamos Dele. Nós o víamos como um inimigo. Fizemos o possível para evitar a Sua presença. Mas a confissão da nossa falta altera a nossa percepção. Deus não é mais um oponente, mas um amigo. Estamos em paz com Ele. Deus fez mais do que o monge, muito mais. Além de compartilhar nosso pecado, Jesus foi "transpassado pelas nossas transgressões. O castigo que nos traz a paz estava sobre Ele" (Isaías 53:5). "Desprezou a vergonha" (Hebreus 12:2 – NVI). Ele nos guia até a presença de Deus.

GRAÇA SALVADORA

"Respondendo-lhe Pedro, disse: Se és Tu, Senhor, manda-me ir ter Contigo por sobre as águas" (Mateus 14:28).

Pedro não está provando Jesus, está suplicando. Entrar num mar tempestuoso não é um movimento lógico, mas de desespero. Pedro agarra a borda do barco, põe uma perna para fora... depois a outra. Vários passos são dados. É como se uma fileira invisível de pedras estivesse debaixo dos seus pés. No fim das pedras está a face de um amigo fiel.

Nós fazemos o mesmo, não é? Vamos a Cristo na hora de profunda necessidade. Abandonamos o barco das boas obras. Compreendemos, com Moisés, que a força humana não irá salvar-nos. Olhamos então para Deus em desespero. Compreendemos, como Paulo, que todas as boas obras do mundo são insignificantes quando colocadas diante Daquele que é perfeito. Compreendemos, como Pedro, que atravessar a distância entre nós e Jesus é um feito grande demais para nossos pés.

Pedimos então ajuda. Ouvimos a Sua voz e começamos

a andar temerosos, esperando que nossa pequena fé seja suficiente.

A fé não nasce na mesa de negociação, onde trocamos nossos dons pela bondade de Deus. A fé não é uma recompensa dada aos mais ilustrados. Não é um prêmio entregue aos mais disciplinados. Não é um título conferido aos mais religiosos.

A fé é um mergulho desesperado do barco do esforço humano que se afunda e uma oração para que Deus esteja ali, a fim de nos tirar da água. O apóstolo Paulo escreveu sobre esse tipo de fé:

"Porque pela graça sois salvos, mediante a fé; e isto não vem de vós; é dom de Deus; não de obras, para que ninguém se glorie" (Efésios 2:8,9).

A força suprema na salvação é a graça de Deus. Não são as nossas palavras, os nossos talentos, os nossos sentimentos, ou a nossa força.

Graça é a presença súbita, calmante, de Deus em meio aos mares revoltos da nossa vida. Ouvimos a Sua voz, damos o primeiro passo.

Por quê? Porque somos grandes pecadores e precisamos de um grande Salvador.

Como Pedro, temos noção de dois fatos: Estamos afundando e Deus está de pé. Saímos então do barco. Deixamos para trás o Titanic da auto-retidão e nos firmamos no caminho sólido da graça de Deus.

Surpresos, percebemos que podemos andar por sobre a água. A morte é desarmada. Os fracassos podem ser perdoados. A vida tem propósito. E Deus não está só à vista, Ele pode também ser alcançado.

GRAÇA SIGNIFICA...

Este é um segredo a respeito da graça — nove pequenas palavras que explicam tudo isso o que você precisa saber: "Se Deus é por nós, quem será contra nós?" (Romanos 8:31). Isso é realmente tudo o que você precisa. Embora pareçam simples, essas palavras contêm uma mensagem profunda.

Vamos examinar quatro palavras neste versículo que merecem a sua atenção. Leia lentamente a frase: "Deus é por nós". Pare um minuto antes de continuar. Leia novamente, em voz alta: Deus é por nós. Repita a frase quatro vezes, enfatizando cada palavra. (Vamos, você não está assim com tanta pressa).

Deus é por nós.
    Deus é por nós.
        Deus é por nós.
            Deus é por nós.

Deus é por você. Seus pais podem tê-lo esquecido, seus professores podem tê-lo negligenciado, seus irmãos podem ter vergonha de você; mas ao alcance das suas orações está o criador dos oceanos. Deus!

Deus é por você. Não "talvez seja", não "tinha sido", não "foi", nem "será", mas "Deus é"! Ele é por você hoje. Nesta hora. Neste minuto. Enquanto lê esta sentença. Não é necessário esperar na fila ou voltar amanhã. Ele está com você. Não poderia estar mais perto do que está neste segundo. A sua lealdade não vai aumentar se você for melhor, nem diminuir se for pior. Ele é por você.

Deus é por você. Olhe para as laterais; Deus está ali aplaudindo a sua corrida. Olhe para a linha de chegada, ali está Deus batendo palmas para você. Procure-o nas arquibancadas gritando o seu nome. Cansado demais para lutar? Ele está pondo você de pé. Deus é por você.

Deus é por você. Se Ele tivesse um calendário, o seu aniversário estaria marcado. Se dirigisse um carro, seu nome estaria no pára-choque. Se houver uma árvore no Céu, Ele gravou o seu nome na casca. Sabemos que Ele tem uma tatuagem e sabemos o que ela diz: "Nas palmas das minhas mãos te gravei", declara Ele (Isaías 49:16).

"Acaso pode uma mulher esquecer do filho que ainda mama?" (Isaías 49:15). Que pergunta estranha. Vocês, mães, poderiam amamentar seu filho e depois perguntar: "Qual é o nome desta criança?" Não. Vi vocês cuidarem de seus filhos. Acariciam seu cabelo, tocam seu rosto, cantam repetidamente o seu nome. Pode uma mãe esquecer? De modo algum. "Mas ainda que esta viesse a se esquecer dele, eu, todavia, não me esquecerei de ti", Deus promete (Isaías 49:15).

Deus é por você.

Sabendo disso, quem é contra é você? Pode a morte fazer-lhe mal agora? Pode a doença roubar sua saúde? Pode o seu propósito ser tirado ou seu valor diminuído? Não. Mesmo que o inferno se voltasse contra você, ninguém poderia derrotá-lo. Você está protegido. Deus é por você.

É esse o significado da graça.

COM TOALHA E BACIA

> Ora, antes da Festa da Páscoa, sabendo Jesus que era chegada a sua hora de passar deste mundo para o Pai, tendo amado os seus que estavam no mundo, amou-os até ao fim. Durante a ceia... (Jesus) levantou-se... deitou água na bacia e passou a lavar os pés aos discípulos e enxugar-lhos
>
> JOÃO 13:1-5

*C*ontemple o presente que Jesus dá a seus seguidores! Ele sabe o que esses homens estão prestes a fazer. Sabe que estão prestes a cometer o ato mais vil de suas vidas. Pela manhã irão baixar a cabeça de vergonha e olhar para os pés com desgosto. Quando fizerem isso, Ele quer que se lembrem como seus joelhos se dobraram diante deles e como havia lavado os seus pés. Quer que compreendam que esses pés ainda estão limpos.

Notável. Ele perdoou o pecado daqueles homens que antes ainda que o tivessem cometido. Ofereceu misericórdia antes que a buscassem. Tirando a geografia e a cronologia, nossa história é a mesma que a dos discípulos. Não estávamos em Jerusalém e não estávamos vivos naquela noite. Mas o que Jesus fez por eles, fez por nós. Ele nos purificou. Purificou nossos corações do pecado.

Mais ainda, Ele continua nos purificando! "O sangue de Jesus, seu Filho, nos purifica de todo pecado" (I João 1:7). Em síntese, estamos sempre sendo purificados. A purificação não é uma promessa futura, mas uma realidade presente. Se um grão de pó cair na alma de um santo, ele é lavado. Se um pingo de sujeira entrar no coração do filho de Deus, ele é removido. Jesus ainda limpa os pés dos discípulos. Jesus ainda lava as manchas. Ele ainda purifica o Seu povo.

Nosso Salvador se ajoelha e observa os atos mais vis da nossa vida. Mas, em vez de recuar horrorizado, Ele se estende em bondade e diz: "Posso limpar isso se você quiser." E da bacia da Sua graça, Ele enche de misericórdia a palma da mão e lava o nosso pecado.

ADOTADO PELO CORAÇÃO

O terapeuta familiar Paul Faulkner conta a história de um homem que resolveu adotar uma adolescente perturbada. Qualquer um duvidaria da sua lógica. Ela era destrutiva, desobediente e desonesta.

Certo dia a menina voltou da escola e saqueou a casa em busca de dinheiro. Quando ele chegou, ela já tinha ido embora e a casa parecia um campo de batalha.

Depois de ouvir sobre o comportamento dela, um amigo insistiu em que ele não finalizasse a adoção. "Você ainda não completou a documentação. Não assinou quaisquer papéis. Deixe que ela se vá".

A resposta dele foi simples: "Mas já prometi a ela que seria minha filha".

Deus fez também uma aliança para adotar o Seu povo. Sua aliança não é invadida pela nossa rebeldia. Uma coisa é nos amar quando somos fortes, obedientes e dispostos. Mas e quando saqueamos sua casa e roubamos o que é dele?

Esta é a prova de amor.

E Deus passa no exame. "Mas Deus demonstra Seu amor por nós pelo fato de Cristo ter morrido em nosso favor quando ainda éramos pecadores" (Romanos 5:8- NVI).

O pai não olhou para a casa em desordem e disse: "Volte quando tiver aprendido a respeitar".

Deus não olhou para as nossas vidas distorcidas e disse: "Vou morrer por você quando merecer".

Não, apesar do nosso pecado, em face da nossa rebelião, Ele escolher adotar-nos. Para Deus não há volta. A Sua graça é uma promessa "venha como está" de um Rei especial. Você foi achado, chamado e adotado; portanto, confie em seu Pai e reivindique este versículo: "Mas Deus prova o Seu próprio amor para conosco, pelo fato de ter Cristo morrido por nós, sendo nós ainda pecadores" (Romanos 5:8). Você não terá mais de indagar quem é seu pai — foi adotado por Deus e é portanto "herdeiro por Cristo" (Gálatas 4:7).

A FONTE DA MINHA FORÇA

Durante os primeiros dias da Guerra Civil, um soldado da União foi preso como desertor. Incapaz de provar sua inocência o rapaz recebeu sentença de morte por deserção. Seu apelo chegou à mesa de Abraham Lincoln. O presidente teve misericórdia do soldado e assinou o seu perdão. O soldado voltou ao serviço, lutou durante toda a guerra e foi morto na última batalha. Em seu bolso encontraram a carta assinada pelo presidente.

Junto ao coração do soldado estavam as palavras do seu líder, concedendo perdão. Ele encontrou coragem na graça. Imagino quantos milhares de outros descobriram coragem na cruz do rei celestial.

Se você precisar de um pouco de coragem, vou mostrar-lhe uma fonte de força para a sua jornada. Guarde essas palavras junto ao coração e confie em que, por causa da graça:

Você não está sob condenação (Romanos 8:1).

Você está livre da lei (Romanos 7:6).
Você está perto de Deus (Efésios 2:13).
Você foi libertado do poder do mal
(Colossenses 1:13).
Você é membro do Seu reino (Colossenses 1:13).
Você foi justificado (Romanos 5:1).
Você é perfeito (Hebreus 10:14).
Você foi adotado (Romanos 8:15).
Você tem acesso a Deus a qualquer momento
(Efésios 2:18)
Você faz parte de um sacerdócio (I Pedro 2:5).
Você nunca será abandonado (Hebreus 13:5).
Você tem uma herança eterna (I Pedro 1:4).
Você participa da vida de Cristo (Colossenses 3:4).
Privilégio (Efésios 2:6), sofrimento (II Timóteo 2:12)
e serviço (I Colossenses 1:9).

E sabe que no coração de Deus você é:

Membro do Seu corpo (I Coríntios 12:13).
Ramo da videira (João 15:5).
Pedra do edifício (Efésios 2:19-22).
Noiva para o noivo (Efésios 2:25-27).
Santo da nova geração (I Pedro 2:9).
Habitação do Espírito (I Coríntios 6:19).

Você possui (preste atenção!) toda bênção espiritual possível. "(Deus) nos tem abençoado com toda sorte de bênção espiritual as regiões celestiais em Cristo" (Efésios 1:3). Este é o presente oferecido ao mais ínfimo pecador nesta terra. Quem poderia fazer tal oferta senão Deus? "Porque todos temos recebido da sua plenitude, e graça sobre graça" (João 1:16).

> Tudo vem Dele,
> Tudo vem por meio Dele,
> Tudo termina Nele.
> Glória pra sempre! Louvor pra sempre!
> Sim. Sim. Sim.
> ROMANOS 11:33-36

A Escolha

(Jesus) a si mesmo se humilhou, tornando-se obediente até à morte e morte de cruz. Pelo que também Deus o exaltou sobremaneira e lhe deu o nome que está acima de todo nome, para que ao nome de Jesus se dobre todo joelho, nos céus, na terra e debaixo da terra, e toda língua confesse que Jesus Cristo é Senhor, para glória de Deus Pai

FILIPENSES 2:8-11

DE UM LADO A MULTIDÃO.

ZOMBANDO, PROVOCANDO, EXIGINDO.

DO OUTRO LADO UM CAMPONÊS.

LÁBIOS INCHADOS, OLHO MACHUCADO. PROMESSA SUBLIME. UM PROMETE ACEITAÇÃO, O OUTRO A CRUZ.

UM OFERECE CARNALIDADE E HOLOFOTES, O OUTRO OFERECE FÉ. A MULTIDÃO DESAFIAVA,

"SIGAM-NOS E FAÇAM PARTE".

JESUS PROMETE, "SIGAM-ME E SE DESTAQUEM".

ELES FAZEM PROMESSAS PARA AGRADAR. DEUS PROMETE PARA SALVAR. UMA BACIA DE ÁGUA?

OU O SANGUE DO SALVADOR?

DEUS OLHA PARA VOCÊ E PERGUNTA:

QUAL VAI SER A SUA ESCOLHA?

O DEUS QUE CONVIDA

Deus é um Deus que convida. Ele convidou Maria para dar à luz o seu filho, os discípulos para serem pescadores de homens, a mulher adúltera para começar de novo, e Tomé para tocar seus ferimentos. Deus é o Rei que prepara o palácio, põe a mesa, e convida seus súditos para entrar.

De fato, Sua palavra favorita parece ser: Venha.

"Venham, vamos falar dessas coisas. Embora seus pecados sejam como a escarlate, eles podem ser alvos como a neve".

"Todos os que tem sede, venham e bebam".

"Venham à festa das bodas".

"Venham, sigam-me e os farei pescadores de homens."

"Quem tiver sede venha a mim e beba."

Deus é um Deus que convida. Que chama. Que abre a porta e acena com a mão, mostrando aos peregrinos uma mesa farta.

O convite dele não é, porém, apenas para uma refeição, é para a vida. Um convite para entrar no Seu reino e habitar num mundo sem lágrimas, sem sepulturas, sem sofrimentos. Quem pode entrar? Quem quiser. O convite é um tanto universal como pessoal.

Conhecer a Deus é receber o Seu convite. Não apenas ouvi-Lo, estudá-Lo, reconhecê-Lo, mas recebê-Lo. É possível aprender muito sobre o convite de Deus e nunca responder pessoalmente a Ele.

Todavia, o Seu convite é claro e inegociável. Ele dá tudo e nós Lhe entregamos tudo. Simples e absoluto. Ele é transparente no que pede e claro no que oferece. A decisão é nossa. Não é incrível que Deus nos dê a escolha? Pense um pouco. Há muitas coisas na vida que não podemos escolher. Não podemos, por exemplo, escolher o tempo. Não podemos controlar a economia.

Não nos cabe decidir se vamos nascer com um nariz grande, olhos azuis, ou muito cabelo. Não podemos sequer escolher como as pessoas vão reagir em relação a nós.

Podemos, no entanto, escolher onde vamos passar a eternidade. Deus deixa para nós a grande escolha. A decisão crucial é nossa.

Essa é a única decisão que realmente importa. Se você vai ser transferido ou não do emprego não é assim tão crítico. Que faculdade vai cursar ou que profissão classificará como importante, mas não comparado com o lugar onde vai passar a eternidade. Essa é a decisão que você vai lembrar, pois é a escolha de toda uma vida.

DEIXANDO A LUZ DO TERRAÇO ACESA

Ele está esperando por você. Deus está no terraço do Céu, cheio de expectativa, perscrutando o horizonte, para um vislumbre do Seu filho. É você quem Deus está buscando.

Deus é o Pai que espera, o Pastor amoroso em busca da Sua ovelha. Suas pernas estão esfoladas, seus pés machucados e seus olhos queimando. Ele escala os penhascos e atravessa os campos. Explora as cavernas. Põe as mãos em concha na boca e chama no desfiladeiro.

O nome que Ele chama é o seu.

Ele é a dona de casa que procura a moeda perdida. Não importa que tenha outras nove; não vai descansar até que encontre a décima. Ele procura na casa. Muda mobília de lugar. Levanta os tapetes. Limpa as prateleiras. Todas as outras tarefas podem esperar. Só uma importa — a moeda de grande valor para Ele. Ela lhe pertence. Não vai parar até que a encontre.

A moeda procurada por Ele é você.

Deus é o Pai que aguarda no terraço. Seus olhos estão bem abertos na sua busca. Seu coração está pesado. Ele procura o seu pródigo. Pesquisa o horizonte, ansiando pela figura familiar, o andar conhecido. Sua preocupação é o filho que usa o seu nome, o filho que tem a sua imagem. Você.

Ele quer você em casa.

Deus quer que fique livre da culpa de ontem. Quer que se liberte dos temores de hoje. Quer libertá-lo do túmulo de amanhã. Pecado, medo, morte. Essas são as orações que responderá mediante o dom do Seu amor.

A mensagem é simples. Deus deu Seu Filho para resgatar todos os Seus filhos e filhas. Para levar Seus filhos para casa. Ele está esperando a sua resposta.

BOM DEMAIS PARA SER VERDADE?

Quando vem a salvação? Quando olhamos para Cristo. Quando O aceitamos como nosso Salvador. Surpreendentemente simples, não é? Reivindique a grande promessa de João 3:16: "Porque Deus amou ao mundo de tal maneira que deu Seu Filho unigênito, para que todo aquele que crê não pereça, mas tenha vida eterna".

Deus, Aquele que Ama, Deus, Aquele que Dá, Deus, o Salvador.

E o homem, o crente. Para os que crêem, Ele prometeu um novo nascimento.

Apesar da simplicidade, há ainda alguns que não creem. Eles não confiam na promessa. Não podem imaginar como Deus poderia perdoar seus pecados. É quase demais para acreditar.

Se apenas tentassem. Se apenas fizessem uma prova. Mas Deus é tão delicado quanto é apaixonado. Ele nunca força a entrada. A escolha é deles.

Para os que vierem, Ele prometeu um novo nascimento. Isso significa que a velha natureza jamais voltará a surgir? Significa que você poderá instantaneamente resistir a qualquer tentação?

Para responder a essa pergunta, compare o seu novo nascimento em Cristo a um recém-nascido. Pode o recém-nascido andar? Pode alimentar a si mesmo? Pode cantar, ler ou falar? Não, ainda não. Mas algum dia fará isso.

Leva tempo para crescer. O pai no berçário se envergonha do filho? A mãe fica embaraçada porque o bebê não pode soletrar... não pode andar... não pode fazer um discurso?

Claro que não. Os pais não se acanham; ficam orgulhosos. Eles sabem que o crescimento virá com o tempo. O mesmo acontece com Deus. "Não retarda o Senhor Sua promessa, como alguns a julgam demorada; pelo contrário, Ele é longânimo para convosco, não querendo que nenhum pereça, senão que todos cheguem ao arrependimento" (II Pedro 3:9).

Deus é, no geral, mais paciente conosco do que somos com nós mesmos. Supomos que se cairmos é porque não nascemos de novo. Se tropeçarmos, não fomos verdadeiramente convertidos. Se tivermos os velhos desejos, não devemos ser então uma nova criatura.

Não se esqueça: "Estou plenamente certo de que aquele que começou boa obra em vós há de completá-la até ao Dia de Cristo Jesus" (Filipenses 1:6).

De muitas formas, o seu novo nascimento em Cristo é como o seu primeiro. No seu novo nascimento, Deus supre o que você precisa e outra pessoa faz o trabalho. Assim como os pais são pacientes com o recém-nascido, Deus é paciente com você. Mas, há uma diferença. Da primeira vez você não teve escolha quanto nascer; desta vez você tem. O poder é de Deus. O esforço é de Deus. O sofrimento é de Deus.

Mas, a escolha é sua.

QUEM DEVE ESCOLHER?

A quem Deus oferece Seu presente? Aos mais inteligentes? Aos mais belos ou mais charmosos? Não. Seu dom é para todos nós- mendigos e banqueiros, clérigos e balconistas, juízes e zeladores. Todos os filhos de Deus.

Ele nos quer tanto que nos aceita no estado em que estivermos — "No estado" diz a etiqueta em nossas golas. Ele não se interessa em esperar que cheguemos à perfeição (pois sabe que nunca chegaremos lá!). Você acha que Ele está esperando que vençamos todas as tentações? Dificilmente. Quando tivermos dominado o andar cristão? Longe disso. Lembre-se: Cristo morreu por nós quando ainda éramos pecadores. Seu sacrifício não dependia então do nosso desempenho.

Ele nos quer agora. E fará tudo para levar Seus filhos para casa.

O amor de Cristo não contém condições, expectativas, itens ocultos ou segredos. Seu amor por nós é franco e sincero:

"Amo você", diz Ele. "Mesmo que me decepcione. Amo você apesar das suas falhas".

Por que Deus escolheu você? Por que Ele me escolheu? Sinceramente. Por quê? O que nós temos que Ele necessite?

Inteligência? Será que pensamos por um minuto que temos — ou teremos um dia — um pensamento que Ele não tinha tido?

Força de vontade? Posso respeitar isso. Alguns de nós somos teimosos o suficiente para andar na água caso sintam que são chamados para isso... mas pensar que o Reino de Deus poderia afundar sem a nossa determinação?

Beleza, talento, charme? Certo. Tudo isso veio Dele em primeiro lugar. Por que então? Por que Ele escolheria você?

A resposta é ao mesmo tempo simples e profunda. Ele escolheu você porque queria. Afinal de contas, você é Dele. Foi Ele quem o fez. Levou você para casa. Ele é o seu proprietário. Se nunca o ouviu assegurar esse simples fato, deixe que as palavras desta página o façam lembrar. Que elas ressoem em seu coração: o Deus que o criou ama você. Ele fez o supremo sacrifício por sua causa. Não, Deus não precisa de você. Deus quer você. O que fazemos então com este dom? o que Ele tem a ver com nossa existência diária?

Tem tudo a ver com ela. Nossa tarefa na terra é singular-escolher nosso lar eterno. Você pode fazer muitas escolhas erradas em sua vida. Pode escolher a profissão errada e sobreviver, a cidade errada e sobreviver, a casa errada e sobreviver. Você pode até escolher o cônjuge errado e sobreviver. Mas, há uma escolha que deve ser feita corretamente: o seu destino eterno.

PERSEGUIDO POR DEUS

O que você deseja que Deus faça chamar sua atenção? Se Deus tiver de escolher entre a sua segurança eterna e seu conforto eterno, o que você espera que Ele escolha?

E se Ele mandasse você para uma outra terra? (Como fez com Abraão). E se o fizesse deixar a aposentadoria? (Lembra-se de Moisés?) O que dizer da voz de um anjo ou da barriga de um peixe? (como Gideão e Jonas). O que dizer de uma promoção como a de Daniel ou um rebaixamento como o de Sansão?

Deus faz o que é necessário para obter nossa atenção. Não é essa a mensagem da Bíblia? A perseguição incansável de Deus. Deus-caçador. Deus buscando. Olhando debaixo da cama para encontrar os filhos escondidos, sacudindo os arbustos para achar as ovelhas perdidas. Pondo a mão em concha na boca e gritando nos desfiladeiros. Lutando com os Jacós nos Jaboques lamacentos da vida.

Apesar de todas as suas peculiaridades, a história da Bíblia é simples. Deus fez o homem. O homem rejeitou a Deus.

Deus não vai desistir até que o tenha de volta. Desde Moisés em Moabe até João em Patmos, Deus é tão criativo quanto incansável. A mesma mão que enviou o maná a Israel, enviou Uzá para a morte. A mesma mão que libertou os filhos de Israel, também os enviou cativos para a Babilônia. Bondoso e severo. Tenro e duro. Firme e fiel. Paciente e convincente. Tolerante. Gritando com doçura.

A voz de Deus troveja suavemente: "Quero você".

E a sua resposta?

Jesus disse: "Eu sou o pão da vida. Eu sou a luz do mundo. Eu sou a ressurreição e a vida. Eu sou a porta. Eu sou o caminho, a verdade, e a vida. Voltarei e vos receberei para mim mesmo" (João 6:48; 8:12; 11:25; 10:9; 14:6 e 14:3).

Jesus proclamando — sempre oferecendo, mas nunca forçando. Ele pergunta ao aleijado: "Você quer ser curado" (João 5:6).

Olha de frente o cego, agora curado: "Crês tu no Filho do homem?" (João 9:35).

Junto ao túmulo de Lázaro, sondando o coração de Marta: "E todo o que vive e crê em mim não morrerá, eternamente. Crês isto?" (João 11:26).

Perguntas francas. Afirmações solenes. Toque amável. Nunca indo onde não é convidado, mas uma vez convidado nunca se afastando até que tenha terminado, até que uma escolha seja feita.

Deus vai sussurrar. Vai gritar. Vai tocar. Ele carregará nossos fardos; vai até retirar nossas bênçãos. Se houver mil passos entre nós e Ele, dará todos menos um. Deixará o último para nós. A escolha é nossa.

DEMONSTRAÇÃO DE DEVOÇÃO

*I*sto tem alguma semelhança com você? Você não tem nada para dar a Deus além de problemas. Tudo o que tem a oferecer a Ele é a Sua mágoa. Quer aceitar o dom da graça, mas sente-se indigno do sacrifício Dele.

É possível que isso tenha impedido você de aproximar-se de Deus. Oh, você deu um passo ou dois na Sua direção. Mas depois viu os outros que o seguiam. Pareciam tão limpos, tão arrumados, tão ajustados na Sua fé, que hesitou.

Se essa descrição for correta, leia a história da mulher sem nome em Marcos 5. Considerada impura pela sua cultura, ela demonstrou a sua devoção a Jesus tocando a barra das vestes do Salvador. Esse pequeno gesto levou Jesus a curá-la. Ela era uma rejeitada, coberta de vergonha, pobre, que se agarrou ao seu pressentimento de que Ele tinha poder e sua esperança de que estaria disposto a ajudá-la.

A fé não é justamente isso? Uma convicção de que ele pode e que o fará. Parece semelhante à definição de fé encontrada na Bíblia: "De fato, sem fé é impossível agradar a Deus, porquanto é necessário que aquele que se aproxima de Deus creia que Ele existe e que se torna galardoador dos que buscam" (Hebreus 11:6).

Nada complicado, não é? A fé é a crença de que Deus é real e de que Ele é bom. Fé não é uma experiência mística, uma visão à meia-noite, ou uma voz na floresta... É a escolha de crer que o Criador de tudo não abandonou este mundo, continua enviando luz para iluminar as trevas e responde aos gestos de fé.

Fé não é a crença de que Deus fará aquilo que você deseja. Fé é a crença de que Deus fará o que é correto. Deus está sempre perto e sempre disponível. À espera do Seu toque. Demonstre então a Ele a sua devoção:

Escreva uma carta.

Peça perdão.

Confesse.

Seja batizado.

Alimente um faminto.

Ore.

Ensine.

Vá.

Faça algo que releve a sua fé. A fé sem esforço não é realmente fé. Deus responderá. Ele jamais rejeitou um gesto sincero de fé. Nunca.

Deus honra a fé radical, que aceita riscos. Quando arcas são construídas, vidas são salvas. Quando soldados marcham, as Jericós caem. Quando bordões são levantados, os mares se abrem. Quando uma refeição é compartilhada, milhares são alimentados. E quando uma veste é tocada — quer pela mão de uma mulher anêmica na Galileia, ou pelas orações de um mendigo em Bangladesh — Jesus para. Faça então a sua escolha, anuncie a Deus a sua fé e demonstre a sua devoção.

OS BRAÇOS DO PAI

*M*inha filha Jenna e eu passamos, há algum tempo, vários dias na antiga cidade de Jerusalém. Certa tarde, quando estávamos saindo pela porta e Haifa, fomos andando atrás de uma família judia ortodoxa — um pai e três filhas pequenas.

Uma das filhas, talvez com três ou quatro anos, ficou um pouco para trás e não conseguia enxergar o pai.

"Aba!" — chamou ela. Ele parou e olhou. Só então viu que estava longe da filha.

"Aba!" — ela chamou de novo. Ele a viu imediatamente estendeu-lhe a mão. Ela a tomou e eu anotei mentalmente o fato enquanto eles continuavam caminhando. Queria ver o comportamento de um aba.

O pai segurou a mão da filha com firmeza enquanto desciam a rampa. Quando pararam numa rua movimentada, ela quis descer para a rua e ele a puxou. No momento em que o sinal mudou de cor, ele fez a menina e as irmãs andarem pela faixa. No meio da rua, o homem abaixou-se e carregou a pequenina no colo, continuando depois seu caminho.

Não é essa a nossa necessidade? Um aba que ouça quando chamamos? Que tome a nossa mão quando estamos fracos? Que nos guie pelos cruzamentos caóticos da vida? Não precisamos todos de um aba que nos carregue nos braços e nos leve para casa? Todos temos necessidade de um pai.
Há um Deus nos céus que quer que você o chame de Aba.

Escolher Deus como Senhor é reconhecer Sua soberania e supremacia no universo. Aceitá-lo como Salvador é aceitar o dom da salvação oferecido por Ele na cruz. Mas considerá-lo como Aba — Pai — é avançar um pouco mais. Idealmente, o pai é aquele que supre e protege a sua vida. Foi exatamente isso que Deus fez.

Ele proveu as suas necessidades (Mateus 6:25-34). Protegeu você dos perigos (Salmos 139:5). Adotou você (Efésios 1:5). E lhe deu o seu nome (I João 3:1).

Deus provou ser um Pai fiel. Cabe-nos agora ser filhos confiantes. Deixe que Deus lhe dê aquilo que o mundo não pode dar. Confie só Nele para dar-lhe afirmação e coragem. Agarre-se a estas palavras gloriosas: "De sorte que já não és escravo, porém filho; e, sendo filho, também herdeiro por Deus" (Gálatas 4:7).

O DESTINO DE DEUS PARA SUA VIDA

*P*osso lembrar-me de ter passado uma semana na casa de meus avós quando tinha sete anos. Meus pais compraram a passagem, deram-me algum dinheiro para gastar, colocaram-me num ônibus interestadual, e me disseram para não falar com estranhos, nem sair do veículo enquanto não visse minha avó pela janela. Eles tornaram bem claro para mim que meu destino era a cidade e Ralls, no Texas.

Deus fez o mesmo com você. Ele o colocou num caminho. Ele tem um destino para a sua vida (e vai ficar contente de saber que não é Ralls no Texas).

> Porque Deus não nos destinou para a ira, mas para alcançar a salvação mediante nosso Senhor Jesus Cristo
>
> I TESSALONICENSES 5:9

Segundo a Bíblia, o destino de Deus para a sua vida é a salvação. Seu destino é o Céu. Deus fez exatamente o que meus pais fizeram. Ele comprou nossa passagem e nos preparou para a jornada. Deus ama tanto que quer que fique com Ele para sempre.

A escolha, porém, é sua. Embora ele esteja na porta com a passagem paga e o dinheiro para as despesas da viagem, muitos preferem ir em outras direções e não naquela pretendida por Deus. Esse é o nosso problema.

Nosso Problema: PECADO (*Estamos no ônibus errado*).

Quando meus pais me deram a passagem e me disseram qual ônibus tomar, acreditei neles e obedeci suas ordens. Confiei neles. Tinha certeza de que me amavam e que sabiam mais do que eu... portanto, subi no ônibus.

Tornar-se cristão é subir no ônibus com Cristo. Jesus fica na porta e diz: "Respondeu-lhe Jesus: Eu sou o caminho, e a verdade, e a vida; ninguém vem ao Pai senão por mim" (João 14:6). Infelizmente, nem todos aceitam o Seu convite. Sei que eu não aceitei da primeira vez que Ele convidou. Passei algum tempo no ônibus errado.

Há muitos ônibus, cada um deles prometendo a felicidade a você. Há ônibus de prazer, bens, poder, paixão. Vi um ônibus chamado festa e subi nele. Estava cheio de pessoas rindo e se divertindo, pareciam estar numa festa sem fim. Demorou algum tempo para eu perceber que eles tinham de fazer todo aquele barulho para esconder o sofrimento interior.

A palavra para entrar no ônibus errado é pecado. Pecado é quando dizemos: "Vou seguir o meu próprio caminho em lugar do de Deus". Bem no meio da palavra pecado está a palavra eu. Pecado é quando dizemos: "Eu vou fazer o que quero, não importa o que Deus diz". Só Deus pode suprir nossas necessidades. Pecado é o ato de ir a outros e não a Deus para obter aquilo que só Deus pode dar. Terei sido o único a passar algum tempo no ônibus errado? Não. Alguns ônibus são mais violentos que outros. Algumas viagens são mais longas que outras, mas:

> Todos nós andávamos desgarrados como ovelhas; cada um se desviava pelo caminho
> ISAÍAS 53:6

> Se dissermos que não temos pecado nenhum, a nós mesmos nos enganamos, e a verdade não está em nós"
> I JOÃO 1:8

> Somos pecadores, cada um de nós se acha no mesmo barco que afunda com todos os demais
> ROMANOS 3:20

Subir no ônibus errado é um erro grave. O pecado interrompe nossa comunicação com Deus. Deveríamos viajar com Ele. Mas quando estamos num ônibus errado, indo na direção errada, nos sentimos longe de Deus. É por isso que a vida pode parecer tão cruel. Não estamos cumprindo nosso destino.

O pecado não só impede a nossa comunicação com Deus: ele prejudica nosso relacionamento com outros. Você pode imaginar uma longa viagem para o lugar errado com o ônibus cheio de passageiros? Com o tempo todos ficam irritados. Ninguém gosta da viagem. Ela é detestável.

Tentamos enfrentar os problemas com terapias, recreação, ou receitas. Mas nada ajuda. A Bíblia diz:

> "Há caminho que parece direito ao homem, mas afinal são caminhos de morte"
>
> PROVÉRBIOS 16:25

Veja bem, o resultado final do pecado é a morte... morte espiritual. "O salário do pecado é a morte", escreve Paulo em Romanos 6:23.

Passe a vida no ônibus errado, seguindo na direção errada e vai acabar no lugar errado. Vai acabar no inferno. Não porque Deus queria você no inferno. Seu plano para você é o Céu. Seu destino é o Céu. Ele fará tudo para levá-lo ao Céu, com uma exceção. Há uma coisa que não vai fazer. Não irá forçá-lo. A decisão é sua. Mas Ele fez tudo o mais. Vou mostrar-lhe o que quero dizer.

A Solução: GRAÇA (*ir para o ônibus certo*).

Se o problema é pecado e todos pecaram, o que posso fazer? Você pode ir à igreja, mas isso não fará de você um cristão. Assim como ir a um rodeio não o torna um cowboy, ir à igreja não torna você um cristão. Você pode se esforçar para agradar a Deus. Pode fazer uma porção de coisas boas, dar uma batelada de coisas... o único problema é que você não sabe quantas coisas boas tem de fazer. Ou você pode comparar-se com outros. "Eu talvez seja mau, mas pelo menos sou melhor do que Hitler". O problema com as comparações é que as outras pessoas não são o padrão. Deus é!

O que vai fazer então? Se não é salvo por ir à igreja ou fazer boas obras, ou comparar-se com outros, como é salvo? A resposta é simples: entre no ônibus certo.

> Porque Deus amou ao mundo de tal maneira que deu o Seu Filho unigênito para que todo aquele que Nele crê não pereça, mas tenha a vida eterna.
>
> JOÃO 3:16

Note o que Deus fez: "Ele deu o Seu único Filho". Foi assim que lidou com o seu pecado. Imagine isto: suponhamos que você seja considerado culpado de um crime. Está no tribunal diante do juiz e ele condena você à morte pelo seu crime. Sua sentença é justa. Você é culpado e o castigo pelo seu crime é a morte. Mas suponhamos que o juiz é seu pai. Ele conhece a lei e sabe que seu crime exige a sentença de morte. Mas conhece também o amor e sabe que ama você demais para deixá-lo morrer. Num ato supremo de amor, o juiz desce da cadeira, tira a toga e fica ao seu lado, dizendo: "Vou morrer em seu lugar".

Foi isso que Deus fez por você. O salário do pecado é a morte. A justiça celestial exige a morte pelo seu pecado. O amor celestial, porém, não pode suportar vê-lo morrer. Foi isto então que Deus fez. Ele ficou de pé e tirou seus trajes divinos. Veio à Terra para dizer-nos que morreria por nós. Seria o nosso Salvador. E cumpriu o prometido.

> Deus reconciliou o mundo com Ele mediante o Messias, dando ao mundo um novo começo ao oferecer-lhe o perdão dos pecados... Deus colocou

o nosso erro sobre quem nunca cometera erro algum, de modo a nos tornar justos perante Ele

II CORÍNTIOS 5:21

A Resposta: CONFIANÇA (*tomar o ônibus certo*).

O que Deus quer que você faça? Ele quer que entre no seu ônibus. Como se faz isso? Por meio de três passos simples: admitir, concordar, aceitar.

1. Admita que você não tem colocado Deus em primeiro lugar na sua vida e peça que perdoe os seus pecados.

    Se confessarmos os nossos pecados, Ele é fiel e justo para nos perdoar os pecados e nos purificar de toda injustiça

    I JOÃO 1:9

2. Concorde que Jesus morreu para pagar pelos seus pecados e que Ele ressuscitou dos mortos, estando vivo hoje.

    Se, com a tua boca, confessares Jesus Cristo como Senhor e, em teu coração, creres que Deus o ressuscitou dentre os mortos, serás salvo

    ROMANOS 10:9

    E não há salvação em nenhum outro; porque abaixo do céu não existe nenhum outro nome, dado entre os homens, pelo qual importa que sejamos salvos

    ATOS 4:12

3. Aceite o presente gratuito da salvação dada por Deus e não tente ganhá-lo por seus próprios meios.

UM PRESENTE PARA TODOS

> Porque pela graça sois salvos, mediante a fé; e isto não vem de vós; é dom de Deus; não de obras, para que ninguém se glorie
>
> EFÉSIOS 2:8-9

> Mas, a todos quantos o receberam, deu-lhes o poder de serem feitos filhos de Deus, a saber, aos que crêem no Seu nome; os quais não nasceram do sangue, nem da vontade da carne, nem da vontade do homem, mas de Deus
>
> JOÃO 1:12,13

> Eis que estou à porta e bato; se alguém ouvir a Minha voz e abrir a porta, entrarei em sua casa e cearei com ele, e ele, comigo
>
> APOCALIPSE 3:20

Insisto com você, de todo o coração, para que aceite o destino de Deus para a sua vida. Insisto em que entre no ônibus com Cristo. Segundo a Bíblia, "Jesus é o único que pode salvar as pessoas. Seu nome é o único poder no mundo que foi dado para salvar a humanidade. Devemos ser salvos por meio Dele" (Atos 4:12).

Você vai deixar que Ele o salve? Esta é a decisão mais importante que vai tomar. Por que não entrega seu coração a Ele neste momento? Admita a sua necessidade. Concorde com a obra Dele. Aceite o Seu presente. Vá a Deus em oração e diga: "Sou um pecador necessitado de graça. Creio que Jesus morreu na cruz por mim. Aceito a Sua oferta de salvação". É uma oração simples, com resultados eternos.

Uma vez que tenha colocado sua fé em Cristo, recomendo que dê três passos. Vai achá-los fácil de lembrar. Pense apenas nestas três palavras: batismo, Bíblia e participar.

O batismo demonstra e celebra a nossa decisão de seguir Jesus. Nossa imersão na água simboliza a imersão na graça de Deus. Assim como a água limpou o corpo, a graça limpa a alma. Jesus disse: "Quem crer e for batizado será salvo" (Marcos 16:16). Quando o apóstolo Paulo tornou-se cristão, foi-lhe feita esta pergunta: "E agora, por que te demoras? Levanta-te, recebe o batismo e lava os teus pecados, invocando o nome Dele" (Atos 22:16). A resposta de Paulo foi receber imediatamente o batismo. Você também pode fazer o mesmo.

Ler a Bíblia faz com que fiquemos frente a frente com Deus. Deus se revela a nós por meio da Sua palavra inspirada pelo Espírito Santo. "Habite, ricamente, em vós a palavra de Cristo" (Colossenses 3:16).

Participar de uma igreja reforça a sua fé. O cristão sem igreja é como um jogador de baseball sem uma equipe ou um soldado sem exército. Você não é suficientemente forte para sobreviver sozinho. "Não deixemos de nos reunir como igreja, segundo o costume de alguns, mas encorajemo-nos uns aos outros" (Hebreus 10:25).

Esses três passos: batismo, leitura da Bíblia e participar de uma igreja, são essenciais para a sua fé.

Oro para que você aceite este grandioso dom da salvação. Pode acreditar, esta não é apenas a decisão mais importante que você fará; é a maior decisão em toda a sua existência. Não existe tesouro mais precioso do que o dom da salvação de Deus. Ele é o maravilhoso destino de Deus para a sua vida.

REFERÊNCIAS

✦

Todas as seleções foram usadas com permissão da editora. Todos os direitos reservados.

"Começou na Manjedoura", extraído de God Came Near (Sisters, Ore.: Multomah Publishers, Inc. 1987), 23,25-26. Em português: Deus Chegou Mais Perto – Editora Vida Cristã.

"Deus Encarnado", extraído de God Came Near (Sisters, Ore.: Multnomah Publishers, Inc. 1987), 55-56. Em português: Deus Chegou Mais Perto – Editora Vida Cristã.

"Salvador Compassivo", extraído de In The Eye of the Storm (Nash-ville, Tenn.: Word Publishing, 1991), 53-54,58.

"Jesus Sabe Como Você Se Sente", extraído de In The Eye of the Storm (Nash-ville, Tenn.: Word Publishing, 1991), 48-49.

"Fé Mantida, Fé Abençoada", extraído de He Still Moves Stones (Nashville, Tenn.: Word Publishing, 1993), 119-121.

"A Grande Troca", extraído de A Gentle Thunder (Nashvile, Tenn.: Word Publishing, 1995), 86-87. Em português: O Trovão Gentil – Editora CPAD.

"Olhos no Salvador", extraído de God Came Near (Sisters, Ore.: Multnomath Publisers, Inc. 1987), 160-162. Em português: Deus Chegou Mais Perto – Editora Vida Cristã.

"Venha e Veja", extraído de A Gentle Thunder (Nashville, Tenn.: Word Publishing, 1995), 21-23. Em português: O Trovão Gentil – Editora CPAD.

"O Caminho para o Calvário", extraído de The Applause of Heaven (Nashville, Tenn.: Word Publishing, 1990), 7-8. Em português: O Aplauso do Céu – Editora United Press.

"As Sombras de um Coração Partido", extraído de No Wonder They Call Him the Savior (Sisters, Ore.: Multnomah Publishers, Inc. 1986), 131-133. Em português: Seu Nome é Salvador – Editora Vida Cristã.

"Sócio no Plano", extraído de God Came Near (Sisters, Ore.: Multnomah Publishers, Inc., 1987), 79-81. Em português: Deus Chegou Mais Perto – Editora Vida Cristã.

"Ele Viu Você", extraído de And the Angels Were Silent (Sisters, Ore.: Multonomah Publishers, Inc,. 1992), 154-155. Em português: Quando os Anjos Silenciaram – Editora United Press.

"O Silêncio do Ceu", extraído de Just Like Jesus (Nashville, Tenn.: Word Publishing, 1998), 131-134. Em português: Simplesmente Como Jesus – Editora CPAD.

"A Qualquer Custo", extraído de Six Hours One Friday (Sisters, Ore.: Multnomah Publishers, Inc., 1989), 56-57. Em português: Seis Horas de Uma Sexta Feira – Editora Vida.

"Certo ou Justo?", extraído de The Applause of Heaven (Nashville, Teen.: Word Publishing, 1990), 178. Em português: O Aplauso do Céu – Editora United Press.

"Quebrantado por Você", extraído de No Wonder They Call Him The Savior (Sisters, Ore.: Multnomah Publishers, Inc., 1986), 47-48. Em português: Seu Nome é Salvador – Editora Vida Cristã.

"Está Consumado", extraído de No Wonder They Call Him The Savior (Sisters, Ore.: Multnomah Publishers, Inc., 1986), 61,65-66. Em português: Seu Nome é Salvador – Editora Vida Cristã.

A introdução de "Graça Abundante," foi extraída de In The Grip of Grace (Nashville, Tenn.: Word Publishing, 1996), 55. Em português: Nas Garras da Graça – Editora CPAD.

"Promessas Graciosas", extraído de The Applause of Heaven (Nashville, Teen.: Word Publishing, 1990), 85. Em português: O Aplauso do Céu – Editora United Press.

"Perdão e Paz", extraído de In The Grip of Grace (Nashville, Tenn.: Word Publishing, 1991), 91-92. Em português: Nas Garras da Graça – Editora CPAD.

"Graça Salvadora", extraído de In the Eye of The Storm (Nashville, Tenn.: Word Publishing, 1991). 202-203.

"Graça Significa...", extraído de In The Grip of Grace (Nashville, Tenn.: Word Publishing, 1991), 91-92. Em português: Nas Garras da Graça – Editora CPAD.

"Com Toalha e Bacia", extraído de Just Like Jesus (Nashville, Tenn.: Word Publishing, 1998), 19-20. Em português: Simplesmente Como Jesus – Editora CPAD.

"Adotado Pelo Coração", extraído de In The Grip of Grace (Nashville, Tenn.: Word Publishing, 1996), 97-98. Em português: Nas Garras da Graça – Editora CPAD.

"A Fonte da Minha Força", extraído de In The Grip of Grace (Nashville, Tenn.: Word Publishing, 1996), 103-106. Em português: Nas Garras da Graça – Editora CPAD.

"O Deus Que Convida", extraído de And the Angels Were Silent (Sisters, Ore.: Multonomah Publishers, Inc,. 1992), 83,85-86. Em português: Quando os Anjos Silenciaram – Editora United Press.

"Deixando a Luz do Terraço Acesa", extraído de And the Angels Were Silent (Sisters, Ore.: Multonomah Publishers, Inc,. 1992), 71-72. Em português: Quando os Anjos Silenciaram – Editora United Press.

"Bom Demais Para Ser Verdade?", extraído de A Gentle Thunder (Nashville, Tenn.: Word Publishing, 1995), 110-111. Em português: O Trovão Gentil – Editora CPAD.

"Quem Deve Escolher?", extraído de No Wonder They Call Him The Savior (Sisters, Ore.: Multnomah Publishers, Inc., 1986), 156. Em português: Seu Nome é Salvador – Editora Vida Cristã, e And the Angels Were

Silent (Sisters, Ore.: Multonomah Publishers, Inc,. 1992), 18,137. Em português: Quando os Anjos Silenciaram – Editora United Press.

"Perseguido por Deus", extraído de A Gentle Thunder (Nashville, Tenn.: Word Publishing, 1995), 4-5. Em português: O Trovão Gentil – Editora CPAD.

"Demonstração de Devoção", extraído de He Still Moves Stones (Nashville, Tenn.: Word Publishers, 1993), 67-69.

"Os Braços do Pai", extraído de The Great House of God (Nashville, Tenn.: Word Publishing, 1993), 136-137 e, He Still Moves Stones (Nashville, Tenn.: Word Publishing, 1993), 44.